水西·书系
SHUIXI SHUXI

一个人是千万人的出发点

别害怕，去长大：

穿越生命中的湍流区

吴志翔——著

山西出版传媒集团
山西教育出版社

图书在版编目（CIP）数据

别害怕，去长大 ：穿越生命中的湍流区 / 吴志翔著
. — 太原 ：山西教育出版社, 2023.1
ISBN 978-7-5703-2825-3

Ⅰ. ①别… Ⅱ. ①吴… Ⅲ. ①青少年教育—问题解答
Ⅳ. ①G775-44

中国版本图书馆CIP数据核字（2022）第180162号

别害怕，去长大：穿越生命中的湍流区
BIE HAIPA，QU ZHANGDA：CHUANYUE SHENGMINGZHONG DE TUANLIUQU

责任编辑 樊丽娜 刘继安
复　　审 王介功
终　　审 康　健
装帧设计 崔文娟 郭俊杰
印装监制 蔡　洁

出版发行 山西出版传媒集团·山西教育出版社
（太原市水西门街馒头巷7号 电话：0351-4729801 邮编：030002）
印　　装 山西人民印刷有限责任公司
开　　本 720mm × 1020mm 1/16
印　　张 17
字　　数 261千字
版　　次 2023年1月第1版 2023年1月山西第1次印刷
书　　号 ISBN 978-7-5703-2825-3
定　　价 68.00元

如发现印装质量问题，影响阅读，请与出版社联系调换。电话：0351-4729718。

题记

你可曾对时间说
抱歉呵，没有长成应该的模样

不必抱歉，因为没有应该

要谢谢时光带来的每一点改变
每一点改变都是刚刚好

成长是多么别扭的事情
又是多么自然的事情

就像一粒麦子钻出泥土
成了独一无二的自己

那么，就让我们在这里

听一点微不足道的故事
说一番欲言又止的道理

你一定能读出我的真诚
还有我的装模作样
……

不错过阳光，也不辜负自己

你是否会在某个瞬间，感到一种莫名的孤独像潮水般涨起；

或者在某个清晨，穿过薄雾中的校园小径，看见未来在朦胧中浮现；

你有没有让自己的倦眼，越过书堆在远山青黛或窗外紫藤间稍作停留；

在那么一个平凡的夜晚，听到过秋虫的呢喃，仰望过明月下清冷的光辉……

如果没有，即便你正经历青春，你的这一段少年之旅也不够完整，不够饱满，不够有质感。

其实，我们都曾经这样：

在人群中找不到朋友，有朋友却无法相守，长久了又有太多别扭；

不是不想抖擞，但再努力也冲不到最前头，只留下几声无奈的嗟叹感慨；

来自父母的理解太难，相爱者反而在互相折磨，美好的家庭仿佛远在天涯；

也有过突如其来的感动，为那个在风雨笼罩的操场上奔跑的身影，为此时战友般的并肩奋战和即将到来的分别。

这一段时光，是生命中的湍流区。不再是清澈的小小溪流，却还未拥有大江大河的壮阔。从单纯、鲜艳、温暖的童年来到色调层次更为丰富，也许还带点冷峻和晦暗的少年，极限压力，风急浪高，我们却还没有准备好巨舰大帆。有潜流，有旋涡，有喧哗，有骚动；有孤独，有嘲讽，有自感卑微，有自我怀疑……

但是更有不熄的热血，有迎向狂风的盖世勇气，有一颗不甘屈服的赤子之心。

别害怕，去长大。

这一段时光，朝露未晞，故事刚开了个头。你站在人群里，没有追光打在身上，看起来前所未有的平凡。可仿佛全世界的雨都下在了这里，因为整个青春就是你的主场。

这一段时光，就是永不停歇的奔跑。在追问中追求美好，在丛莽里寻找跑道，在肆意的泪水和绽放的欢笑中瞄准梦想的目标。

奔跑吧，少年！把命运的起承转合，都踩在自己的脚底。从狼狈不堪的步伐里，从粗重难抑的喘息里，从接近破音的呐喊里，赢得青春的欢畅，确认赤子的骄傲。

你以后会忘记这段时光里那些带着傻劲儿的执拗和认真吗？会用不可思议的表情打量那个居然会写信求解的校服少年吗？会嘲笑这一份自己热烈拥抱过的带着朝露和清香的理想吗？会用反讽的油腻的语气尽情戏弄所有关于朋友、关于奋斗、关于努力、关于自强、关于善良的表达吗？

我希望你不会。我相信你不会。

因为阳光不该错过，而每一个自己都不可辜负。

目 录

PART 1 孤独感是青春的前味

PART Ⅲ 后浪轻轻拍了拍前浪

PART I

孤独感是青春的前味

塞林说：

在还不能融入“众乐乐”的时候，兴趣是你最可靠最贴身的朋友，招之即来，挥之不去。

这点小小的孤独感和自卑感是好的，是你审视自我的良机，也是你自我激励的开端。

她们会有不得不做的算计和掂量，会有自己的紧张和焦虑，你能理解她们几分，也便能宽慰自己几分。

任何一个有所成就的人都有一种极为可贵的抗干扰的能力。

任何一个碌碌无为的人都有一种极为强大的找借口的本能。

朋友之间，即便不能互相成就——一起进步，一起成功，至少也要能做到彼此成全——给人面子，给人退路。

在不起眼的角落里起飞

在班级里我总感觉自己是个外来的人，虽然我是和他们一起从初一学到现在，可总有一种外来感。

我很讨厌周日，因为我们要返校，每次返校我都是一个人，同桌每次见到我都躲着我，不愿和我一起走。我真的好想融入他们，他们笑我也会笑，但笑过以后就会发现没什么好笑的，嘴角也很僵，这种样子真的好累啊。

你感觉自己融入不了这个班集体，想过是什么原因吗？会不会是你太敏感，所以容易产生一种异己感、疏离感，还是确实别人都躲着你，不想跟你一起玩儿？如果是后者，那会不会是因为你与同学（包括同桌）缺乏共同的兴趣、合拍的话题、相似的价值观，没有什么可说却要生硬地往一块儿凑，所以让人感觉无趣、沉闷甚至心累？

人与人之间的投缘感，首先是来自“三观”大体契合，交流基本顺畅，懂得分享各自的故事和心情，也善于倾听，这样才会自然而然地走在一起、聊到一块儿，因为彼此感受到的是轻松和愉快，而不是别扭。

我们经常说情商很重要，但我一直有个观点，高情商的基础就是智商，就是认知能力：如何看待自己和他人，是否能够体察别人的境遇，这其实就是一个人基本认知层面的东西，在这个基础上，才会有“懂你”，才会有“共情”，否则你理解不了别人的点，别人也理解不了你所在意的，双方也就没必要往一处凑了。认识能力都“在线”，大家的情绪才会共同“在场”。比如，某位同学说出了自己内心的苦恼，你是否会敞开心扉提出真诚的建议？即便没有，也可以做一个好的倾听者，陪着一起叹气一起感慨，好歹也能发生情绪上的共振。

这些都是一般的道理。我相信你确实有那种像“外人”的感受，但又觉得你的这种感受很可能有失真的成分。你说同桌每次见你都躲着你，如果真的这样，那他（她）也够累的，甚至比你还累，不是吗？我不确定他（她）仅仅是因为跟你无话可说而“躲”，还是在委婉地表达一种对你的不满？又或者是他（她）心里有“鬼”？你不妨自我检视一番，如果确认自己平时并没有什么太过自我以致无意伤害了他人的举动，那么就不必太过纠结。你是一个世界，他（她）也是一个世界，你们的世界还没有产生交会，如此而已。你不必过度解读别人的反应。每个人与人相处时的距离感、边界感都不一样，待人的习惯和态度也不可能是格式化的。他（她）要躲就躲吧，你不必硬贴上去，方寸之地，各自安好，也是一种“默契”。

你一定要明白，其实不只是你，几乎所有人都会有身在边缘、失去存在感的时刻。周末你回到宿舍，发现宿舍里空空荡荡，室友们都出去活动了，只留下一个孤独的你在那儿无所适从。你好像被大伙儿遗弃了。其实呢，他们又何尝不是各自在逃避孤独？有的去了图书馆逃避孤独，有的去外校找老乡逃避孤独，有的躲进人堆里逃避孤独……在这个世界上，谁又不是个“外人”呢？越是聪明、敏感的人，孤独感往往就越强烈。如果你喜欢《红楼梦》，就会发现，大观园里冰雪聪明的林黛玉觉得自己是“外人”，可那个情商超高、八面玲珑的薛宝钗，又何尝不屡屡觉得自己是“外人”？甚至那个集万千宠爱于一身、终日陷溺于热闹场中的贾宝玉，某一日回到房间竟也觉得自己是“多余人”。

这是真的，经常在一起哄笑着热闹着的，也就那么三两个圈子，也就那么一些特定的时候。身为个体，终究免不了“孤独”。而那三两个圈子，你也没有必要强颜欢笑去凑趣，会很尴尬的。不如就做个安静的美男子或美女子，不以物喜，不以己悲，反而自成风景。何况，那样的圈子并不像你想象的那样和谐美好，也有很多“圈中人”写信来诉说苦恼，里面有各种掂量、各种计较。我觉得青春年少，真不必让自己一池平静的心水，时不时被风吹皱。虽然说“独乐乐”不如“众乐乐”，但“独乐乐”的滋味也挺好的。与其把过多的心思放在怎样才能加入别人的笑闹之中，不如好好地发展自己、完善自己，比如沉浸于学习、阅读、写作等。在还不能融入“众乐乐”的时候，兴趣是你最可靠最贴身的朋友，招之即来，挥之不去。有了兴趣和能力的支撑，你会水到渠成地建立起属于自己的朋友圈。

著名音乐家赵季平先生曾经做过一个演讲，他说，一个人要去掉浮躁，不凑热闹，不刷存在感，拥有一颗平常心，才能走好属于自己的道路。我最喜欢他演讲的标题——“在不被关注的角落起飞”——常在心底咂摸它深长的意味，并愿意与你分享共勉。

享受一种健康的自恋

感觉自己好像没有朋友，做好多事情都是一个人，有时看到别人和朋友一起打打闹闹很羡慕，而我只能自己一个人出去站一站，我要怎样才能交到朋友？

以我今天的眼光来看，那种打打闹闹的朋友其实并不值得羡慕，当然这是我“今天的眼光”，我知道少年时期对于较为亲密的同伴关系是充满渴望的，所以也很能理解你的心情。

关于怎样交到朋友，我说的最多的是这些话：

朋友相交是需要支点的，比如共同的话题、相似的三观；

友情的建立是需要一点契机的，比如成为某个团队里互相支持的队友、并肩作战的战友，甚至成为同病相怜的病友、一起在困境中互相取暖的难友；

陌生人变成朋友是需要一点主动的，很多友情是从“尴尬”开始的，如果心里有接近的意欲，就不要太羞于表达；

朋友是需要一点存在感的，在孤单时不妨先与“兴趣”交朋友，与“学习”交朋友，当你身上有亮点闪耀时，你自身也便成了发光体，会吸引别人靠近你。

想要融入人群，找到心意相通的朋友，除了以上数点以外，我要强调的是：保持一份相对淡定的心态比较重要。既不刻意傲骄，孤芳自赏，也不曲意逢迎，讨好卖乖。傲骄的人会给人冷漠、疏远的感觉，偶尔说点什么就是“话题杀手”，让空气突然安静下来，不招人喜欢。而太想取悦别人，不但会让人感觉不自然，对自己也是一种伤害。日本作家太宰治在《人间失格》里就刻画了一个拼命提供搞笑服务、以“丑角”自命的人，其做派是很可悲的。

我还是坚持这个态度，如果暂时没有朋友，就先好好地爱自己。正如诗人所言：“你站在桥上看风景，看风景的人在楼上看你。”你在寻找朋友，朋友也在寻找你。

没错，你自己就是最美的风景。如果说这是一种自恋的话，那也是一种如尼采说的“健康的自恋”。

一边说“你好”，一边说“再见”

我之前有一个很好的朋友，但因为上了不同的初中，就没有经常联系，然后跟她的关系疏远很多。我在这个初中没有很好的朋友，我比较封闭，因为我觉得没有人可以像她一样跟我成为很好的朋友。怎么办?

朋友其实是一路同行的人。那位很好的朋友就是曾经与你并肩同行的人，只是到了一个路口，你们说了声“再见”，然后走上各自的旅程，去领略新的风景。在路口拐弯以后，你需要以一颗开放的心，对着新的同路人说“你好”，而会用温暖的眼神和笑容回应你的那个人，可能就是你的新朋友。

你经历过的朋友，有的会再次相遇，有的则会成为回忆。心念旧情是好的，但是请记住不要一边往前走，一边总是回头张望。你才走了十米路，怎能错过前方那万里行程中的好风景?

我很喜欢塞林格一篇小说中出现过的一则谜语：“这面墙对那面墙说了什么?”

谜底是：“墙角见。”

再见，也许在墙角，也许在下一个路口，也许，真的是再见。

做美好人生片段的剪辑师

刚上初中那会儿，我见到一位小学同学和我在一个班，那时真是激动不已！我一直把她当作自己最要好的朋友，结果，一个星期后她与另一个同学的共同话题似乎更多，于是疏远了我。我一个人默默地承受着朋友的离去，终于度过了一个学期。第二个学期，我也交到了两个知音，我们总是一起问问题，一起写作业，一起讨论。同学们都羡慕我们之间的友谊！可是好景不长，从初三开始，她们就慢慢疏远我了。不管做什么她俩总是不叫上我，就这样，我又是一个人了！不知道为什么，我身边的朋友总是一个个疏远我。我是不是不适合交朋友？现在的我，也就只能自己安慰自己，自己陪伴自己了！

你知道电影镜头剪辑的魔力吗？它可以让一些原本没有内在联系的散碎的事情变得具有某种“逻辑”，偶然性可以被铸成坚硬的必然性。比如，我们把一个人从小到大摔倒的镜头用“蒙太奇”手法剪辑到一起，那么看到的就是一个根本不知道怎么走路的滑稽怪物。

我觉得你很有可能就是这样有着很强主观选择性的“剪辑师”。你的第一个朋友，其实原本就不是你的朋友，她是你的熟人，升入初中以后，在陌生的环境里，最开始她肯定会与原本熟悉的你交流多一些，但她很快往前走了，交到了新朋友，于是你感觉自己被甩了；你的第二次交友，三人行，感觉亲密无间，但你知道吗，数学中的三角是最稳定的，但朋友交往中的“三角”关系却是颇为微妙的，到后来，“三人行”演绎成“二人转”是一个大概率事件，你落单了，并不见得多么稀奇。但你把这两次交友经历，以这样的方式“剪辑”出来，故事的逻辑就变成了这样：我是一个不断被甩的人。然后会发出这样的感叹：我是不是不适合交朋友啊？

初中时我们同学之间，一会儿这个与那个好，一会儿那个与这个好，好了又不好，远了又近了，这样的事情一直在发生。

高中时我或与A同学亲密到一起去洗澡，或与B同学倚着栏杆畅想未来，或与C同学借书还书还到江边散步漫谈人生理想，或与D同学天天一起同去食堂还分享各自的饭菜，或与E同学周末不回家在空荡荡的宿舍里讲鬼故事……26个英文字母可以全部列上一遍。想说什么？我与所有这些朋友的关系，都在主动或被动中发生变化，如果不是现在去回想，我压根儿没有感觉。如果我是个“剪辑师”，我会把自己剪辑成一个花心大萝卜，但我知道这不是事实。

到了大学以后，我的感觉终于不再懵懂。刚入学那些天，我好奇怪啊，怎么同寝室的那些家伙，去食堂的时候居然不叫我！我开始有了一点孤单感。但是这样的情况没有持续太久，当同学之间彼此有了一些交集，我们也就成了“朋友”——但是坦率地说，我觉得“朋友”这个称谓，真的还不如“同学”来得亲切！

请不必再纠结于能否交到好朋友这回事了，同学少年一场，也是至为难得的缘分。如果要“剪辑”，也请多选择那些经历过的美好片段，那是属于你的少年锦时！

别人不是为了懂你而活着的

有时候真的觉得好烦啊，为什么总有那么多人不理解自己，不理解自己的心愿，不理解自己的梦想……那一刻感觉全世界都是自己的阻力，那种感觉，很不好受……

一群旅客坐在疾行的长途汽车上，车厢内空气混浊。有个小伙子实在受不了，他快要呕吐了，于是不假思索地伸手打开了车窗。正是隆冬时节，寒风呼呼地往车里灌。坐在车窗边的中年人被冻得瑟瑟发抖，他愤怒地关上了窗。于是，双方发生了冲突。他们都指责对方不理解自己。

没错，理解是难的。因为要达成理解的前提是设身处地，换位思考。也就是说，如果要让我来理解你，你也得学会理解我。正是在彼此试图理解的双向过程中，人与人之间才可能学会妥协和让步，懂得包容和珍惜。

总觉得别人不理解自己，我相信你的感受是真实的，但其实也不妨想一想：凭什么别人非得要理解你呢？当你想着“全世界都是你的阻力”之时，很可能是把自己当成了世界的中心。而事实上就像卡尔维诺所描述的，每个人都像一片独自飘落的银杏叶子，有着各自的旋转角度和轨迹。另外那些叶子，不是为了这一片叶子的感觉而存在的。

所以，请不要在世界的中心呼唤爱，呼唤理解。想要别人理解自己，就得去理解别人——包括理解别人的不理解。

再说了，我也不清楚，你是否曾真诚地表达过自己的心愿、自己的梦想？你是否高估了别人的理解力？你是不是以为只要自己皱一下眉，撇一下嘴，白一下眼，别人就应该理解你内心深处最微妙的脉动？几乎不可能的。每一片叶子都沉醉在自己的舞蹈里，它们何尝没有自己的心愿和梦想呢？

我经常会想起史铁生的《第一次盼望》。那个小男孩想去动物园的心愿多么真切，多么热烈，可是他母亲在日常中的操劳又是多么紧凑，多么不暇旁顾……两片叶子终究还是在各自的轨迹里旋转着、交错着飘落，只留下夕阳西下时一片无可奈何的惆怅。小男孩为错失了心愿而无声地流泪，妈妈为错失了理解而不停地安慰。后来，那个小男孩长大成人，不幸得病以致双腿残疾，感觉全世界都是他的阻力，老是不管不顾地独自去地坛消磨时光，又是很多年以后，他才开始去理解自己的母亲，那个“活得最苦的母亲”……

被人理解是可喜的，不被人理解是会有些失落的。但随着我们慢慢长大，应该明白，与其抱怨别人不理解自己，不如敞开心扉，尊重他人，放下执念，拥抱世界，人与人之间的理解恰恰因此而达成。

那辆疾行的长途汽车上，后来所有的旅客都彼此“理解万岁”了，那个相对和谐的场景是怎样的，大家应该都能想到。

把激情倾泻在更重要的事情上

从初中以来一直认真拼命地学习，不喜欢和人打交道。初中老师会时不时地讽刺说只会读书有什么用，将来走上社会一定怎么怎么样……动不动就说像我这样自私的人不管班级荣誉，害得全班平均分不如隔壁班高。虽然告诉自己不要在乎，但总有一些时候，比如晚上偶尔想起会烦躁得彻夜难眠。我一直在想我做错了什么，他们为什么要站在道德制高点指责我。好心累……但居然不是因为成绩不好而心累，和我预期的不太一样。现在读了高一，却一直释怀不了初中三年听到的那些刻薄话。我不知道什么时候才能摆脱他们带给我的阴影，有一种深深的无力感。

我告诉你啊，这个世界上最爽的事情，就是让别人对你“一定过不好”这样的愿望落空。

你通过自己的努力，实现了自己的一个又一个小目标，然后在某一天，在某一个场合，你遇到了那位不断讽刺你、打击你的人，告诉他：“对不起，我让你失望了。”

同时你也要感谢曾经打击过你的人，因为他们的打击，从另外一个维度给你提供了力量。

当然，这样的场景你可以在想象中发生。

而为了让这样的场景发生，你首先需要走到阳光下，不被那些来自他人的负能量的阴影吞没。

记住，不要发怒，要发愤。

——当我做出以上回复时，我的一位朋友提出了异议。她说我的逻辑是错的，我不应该劝你努力发愤，过得比别人好，让别人失望，“如果仅在这一维的价值观里穿行，人生的路很窄，天地也太小！”

她说：“我们应该学会肯定自己的存在，不管它在社会的哪个位置，学会接纳自己的存在，学会自由自在地活着，人生的画卷才不只是山顶或人家头顶的风景。”

我承认她说得有道理，但是她要求的境界比较高，有一种“万花丛中过，片叶不沾身”“行到水穷处，坐看云起时”的那种淡泊和洒脱，这是经过多少磨砺和摔打后才能修炼出来的境界啊，以此“老年人的心智和境界”要求尚未成年的中学生，未免太过苛刻了（很抱歉，我貌似也经常这么干）。

就像歌里唱的那样，“少年自有少年狂”。少年心性，骨子里是争强好胜的，血液里燃烧着一团不甘不屈之火，所以你才会“烦躁得彻夜难眠”，也才会有“昨天你对我爱理不理，今天我让你高攀不起”“我就想看到你不喜欢我却又干不掉我的样子”这些年轻人特别喜欢的金句。面对如此强烈的情感态度，我知道说上几句“放下”“自适自在”之类貌似智慧的鸡汤话，芥蒂不会消失，心结没有打开，郁闷无法消融。这种话说了等于白说。

既然那团火烧得如此炽烈，那就不如把它引向正确的方向：在学习上发愤，而不是无端发怒。

当你把激情倾泻在更重要也更该在意的事情上，并且由此反观到自己的本质力量时，才会发现曾经那么介意的事已不再重要，也就是说，真的算“放下”了。

孤独感是青春的前味

我今年上高一，开学那天，我是我们宿舍最后一个到的。到了以后看到其他室友的关系稍微好一点，我就有一种孤独的感觉，尽管这只是开学第一天。我很难过，又想家，又害怕和室友相处不好。我上的学校也不是很好，分到的宿舍里连柜子也不好，我好失落啊，觉得自己根本就遇不上什么好事。

刚到一个全新的环境，有点小紧张、小孤独是很正常的，不仅仅你这样，别人也如此。他们比你早到宿舍，看起来好像关系好一些，其实大家都没那么熟，只不过是在用交谈来掩饰或冲淡自己的小紧张、小孤独。

等你渐渐长大后会明白，人生中很值得珍视的就是这一小段初识、融入的时光。纳兰性德曰：“人生若只如初见。”为什么“初见”往往美好？因为这时候你对他人（他人对你）的感觉最灵动。在一段新的关系之旅起步时，每个人的安全感都不充分，舒适区还没建立起来，大家会不自觉地收敛自己，略带笨拙地去触探环境，一边小心翼翼地保护自己，一边又想敞开心胸接纳别人，用一双新鲜的眼睛去观察和发现，并且敏锐地抓住每一个来自环境和他人的反馈，并调整自己的行为。“初见”的人之间不会有放肆，几乎不会造成任何的伤害，彼此甚至还会有一点敬畏，也容易把别人想象得过于强大，尤其是意识到别人身上诸多优秀之处时，甚至会生出一点自卑感。这点小小的孤独感和自卑感是好的，是你审视自我的良机，也是你自我激励的开端。

然而，“初见”也常常是伴随着误解的。一个人整体的眼界、见识、格局、修养，只能在较长时间深入接触以后才会呈现，所以不要太急于给别人下判断，也不要太急于交好朋友，在最初一段日子里，做好你自己就可以了。要知道，你在观察别人，别人也在审视你呢。

在群体里你会有一小段时间感觉不适，比如吃饭时没有叫你，上课路上别人三两成群你却落了单，或者周末晚上回到宿舍一看空空如也，你仿佛被众人抛弃了一般……请相信我，绝大多数人都经历过这些相似的桥段，没什么了不得的。这个过程很珍贵，有着极高的自我教育价值。你会意识到自己不再天然是人群的中心，别人没有呵护你的义务，你会初次品尝到无所依傍、睡前想家的酸涩滋味，这滋味就是青春的前味。你的心灵会因此而变得丰富、精致、有层次起来。这个过程也很短暂，不用多久大伙儿就会像凯文·凯利描述的蜂群那样实现“自适应”，基本上打成一片，并且很有可能分出了亲密度略有差异的“小圈子”——这也不难理解，虽然《王者荣耀》里亲密好友的上限可以达到16个，但在宿舍这个现实环境里可以建立起亲密关系的不过两三人而已，而且亲密的对象也会随着时间流转、事情历练而发生改变。在宿舍这样的封闭空间里，如果有人跟大家一直都做不到熟悉、亲密，那只有两种可能，一是其个性超级强大，并且享受独来独往的乐趣；二是其态度和行为太过自私而被全员疏远甚至嫌弃。我觉得你与这两点都无关，所以你很快就会成为集体中“平庸”但“安全”的一员的。

而且，进入高中，学业的巨浪很快就会涌过来，你们马上就能找到“命运共同体”的感觉。乔布斯在一次演讲中说他最欣赏的一句话是：“Stay hungry, Stay foolish.”一些人做过多种解读，我却有自己也许偏颇的理解。对于未知，对于学习新知，对于眼前重大而明确的目标（比如高考），要保持饥渴感，调动你全部的能量去追求，Stay hungry；可是对于一些身边的琐事，尤其是外部环境、人际关系上容易影响心情的因素，要保持钝感，尽量淡化忽略，哪怕看上去傻一些也无所谓，Stay foolish，比如，你对于与室友的关系、对于分配给自己的柜子的好坏，就不妨采取这种态度。

有一年，我在俞敏洪的家乡江苏江阴听他给一所名校的高中生做讲座，他讲的最多的就是自己在北大读书期间是如何保持饥渴感和保持钝感的。他来自农村，与宿舍里一群“精英气”十足的同学相比，很是自卑。他当然是如饥似渴地学习，但同时在日常生活中却表现得挺“傻”的。比如他总是自觉地打扫宿舍卫生，总是每天拎着水壶给室友们打开水，等等。同学们都坦然受之，哪天他不去打水了还会支使他呢。如果较起真来，这样的行为已经涉嫌“霸凌”了，但咱们就不追究了吧。俞敏洪因为自己谦卑、巴结的态度和行为，赢得了同学们的信任，后来他创办“新东方”时，王强等一些已经在美国拿着高薪的自命不凡的同学都回国给予了大力支持。我其实并不赞成俞敏洪那样的做法，更不希望今天的你们还靠这样的做法去赢得同学的心，我欣赏的是他身上那种态度。

反观自己，其他室友关系是不是更热乎、柜子的位置是不是不理想，你又何必失落？请你保持一份“傻乎乎”的态度，把全部的饥渴感用到学习求知上去，好事自然会降临。请相信这句话：一切过往，皆为序章。

先学会取悦你自己

不知为什么，从小学起身边的人就不喜欢我、排斥我，所以我挺自卑的，总觉得自己很渺小，小得让别人无视，经常被遗忘。我不知道自己究竟做错了什么，该怎么做才能让他们接受我？

以前读过一篇小说，写某人参加一次聚会，从头到尾未曾开口讲一句话，而聚会结束时满座居然无一人对此情形有所察觉，他很失落，觉得自己真是个可有可无的人。其实他大可不必自怜，更不用自怨，因为我相信大多数人都有被无视和遗忘的可能，那没什么，有人正是因为怕被忽视才使劲表现，反而收获满场尴尬。谁都有害怕融入不了群体的担忧和恐惧。

我不知道你因何得出身边人都不喜欢你、排斥你的结论的，如果你身上并没有特别突出的招人烦的毛病，那是不至于被有意孤立的；当然如果有，你其实也就很难被无视了。我的猜测是，你大概是那种有点胆小敏感、主动性和表现欲不太强的孩子，别人几乎没有看到你有什么出彩的机会，所以也就很少把注意力投射到你身上。

你的自我感觉应该更好一些。人需要谦卑，甚至有一点小小的自卑也无妨，同时还要有适度的自恋。电影《出水芙蓉》里有句著名的台词：“我长得很美，人人都爱我。”虽然听上去很有喜剧色彩，但人应该有这样的信念。一定要有这样的感觉，即觉得做这一个独一无二、无可替代的自己是世界上最幸运的事情。你未必要拥有什么炫目的高光时刻，但你得确信自己是不比任何旁人差的杰作。哪怕别人不喜欢你或无视你（何况你的这一感觉不见得准确），你自己首先得喜欢自己，热爱自己。

你最好能通过一些小小“成果”的取得来暗示或证明自己的优秀，虽然这一点本来是不需要证明的，但对你有效，局部的自信会发生迁移，从而建立起你对自己整体的信念感。所以，对谦卑有余而自信不足的你来说，与其带着批评的眼光从自己身上寻找所谓的错误，不如带着欣赏的态度多发现一些自己的优点；与其费尽心思让别人接受你，不如先学会取悦你自己，让自己带着一种愉悦、阳光、明朗的心境去跟外界打交道。你越是怯怯的，别人在你眼里就可能越显得有压迫感。匍匐在地，看到的是别人的脚踢起的灰尘。只有你喜欢自己了，别人才会喜欢你。

偶尔吐槽和自嘲，利于闺蜜

我是班长，我们班男生较多，女生里我的成绩是最好的。但是，我在班里没有一个朋友。那些女生一下课就去买零食，上课迟到，听课不专心……请问我怎么做才会有合得来的朋友？

很显然，在找朋友的问题上，你对别人的要求，要多于别人对你的要求。所以不是你找不到朋友，而是你看不上班级里那些潜在的朋友。她们在你眼里不是那么优秀，你会有意无意地疏离她们，即使你从未说过一句轻视她们的话，从未做出半点冒犯的表情，只要你心里存有相对于她们的优越感、骄傲感，她们就能直觉判断你并非同类，自动与你保持距离。

事实上，你得认识到，她们并不是你看到和感到的那样糟，虽然成绩不如你，但正如一首歌中唱的：原来每个女生都不简单。她们中必定有值得你欣赏和信任的人，只是你自视颇高、缺乏亲和力的态度阻碍了你去发现她，认识她，结交她。

我并不主张一个人为了找到朋友就完全改变自己。一旦有讨好别人的意图，你就不是你自己了。但是个体之间的和谐共存，都是以让渡或舍弃一部分自我为代价的，朋友之道亦是如此。你做出适当的调整也许是必要的。比如，你平时最好别摆出一副拒人于千里之外的孤傲姿态，有时候可能你自己都没有意识到，你以为很自然的体态和表情其实是偏“冷”的，别人解读到的是不够友好的信息。恰当的微笑总是能给人以好感，请别太吝惜这一轻巧的面部运动。再比如，你也可省察一下，你是不是男生集体心目中的“女神”？你是否更乐意与班上男生交谈、来往，在他们面前展现自己的魅力？如果是，那要稍微收敛一下，异性缘太好的女生，同性朋友缘可能会差很多。

学者、作家刘瑜写过《积极的人》这篇文章，说有一个漂亮的德国女生，各方面表现都太完美了，但刘瑜跟她却无法建立起友情，原因就是她“太积极了”。每当刘瑜想跟她抱怨会议的无聊、说说某教授坏话、哭诉写论文的血泪史，德国女生就用超级正能量的方式予以回应，搞得刘瑜很羞愧。刘瑜在这篇文章里贡献了一个著名的金句：“检验友谊的唯一标准，就是两个人是否能凑在一起说别人坏话。”我不是真的引导你去扎堆说坏话，而是说，友情（尤其是女生间的友情）这个事情，是有一定的私密性的，友情的建立和深化，不是来自阳光下的独白，而是来自月光下的悄语。一张过于积极的脸，一副永远正确的表情，一双不愿倾听的耳朵，再加上一个碾压众人的成绩，还有你的班长身份，只会让别人敬而远之，使自己落落寡合。因为优秀而孤独并非坏事，但如果你不想孤芳自赏，也想要有自己的闺蜜、“死党”，那么在适当的时候，偶尔吐槽一下，戏谑一下，自嘲自黑一下，能迅速拉近彼此的距离。

还有，你身为班长，完全可以策划组织一些活动，在这些活动中，真正的主角不是你，而是别的同学，你只是默默地做奉献，为他人的精彩亮相搭建平台。千万别突出自己，一定要为别人的成功喝彩，哪怕你付出很多而同学们却没有注意到也无所谓，你要甘愿隐身幕后甚至沦为背景。你或许会有委屈，或许会感到孤独，但是请相信同学的灵性。这个时候在你身边出现的，安慰你并且理解你的，就是你的朋友。别以为众星拱月的状态里，星星是月亮的朋友，也别以为嘻嘻哈哈混作一堆的那种友情有多可贵，我始终相信，在落寞、孤独时出现和陪伴你的人，才是值得你珍视的朋友。

享受异性间的友情温暖

不知从什么时候起，我开始注意班上的一个男生。一次我考砸了，他过来安慰我，说了好多鼓励的话，然而平时他话很少。是不是青春期的女生都会注意这种酷酷的、话少的男生（如果你不找他，他很少理你）。我不知道这算不算喜欢他，只觉得这样下去会对学习不利。我不想暗恋他，只希望他是朋友，是蓝颜。我该怎么做？

既然他只是在你受挫时说了很多鼓励的话，平时也没有怎样来打扰你，你何必在这里东想西想呢？对于他这个人，对于他的举止言谈，你保持一种淡淡的关注就可以了，不必做过度解读。恰好，他不是那种会纠缠人的人，你们日常无交集，可以保持安全距离，不至于往亲昵的方向走——有时候异性之间的相知（就是你说的“蓝颜”）比相恋更美好。

情感上的陷溺，往往是因为想得太多，想得太复杂，试图透过最细微的蛛丝马迹挖出点“微言大义”。你也清楚地知道这一点，担心对学习不利，所以有意识地抑制自己想他。但是心理学上有一个“白熊效应”：越不让你想什么（谁），你就越会想什么（谁）。我并不打算劝你别想他，而是希望你把他做的事、说的话看得平常一些。其实你们的关系很简单，就是建立在一定好感基础上的异性同学友情。没错，友情也是需要好感的。你们可以惺惺相惜，可以彼此鼓励，这样挺好。请相信并享受异性同学之间的这份相知和默契，别让友情的蓝色里染上暖昧的玫瑰红。

友情温暖，过界必伤。

思念很美，但要省着点用

心里一直有一个很喜欢的女孩子。她很美好、很漂亮，她是我的一个梦，我既怕梦醒现实太残酷，又怕梦碎自卑而不敢面对。先前长长的寒假，每一天我都很想她，有时太想她就什么事也做不好了，去克制则会让自己更加心痛难过甚至颓丧。

今年高三的我高考在即，却对这样的温柔恋恋不舍，弄得自己手足无措，是对还是错？我是不是更应该克制一点这种情感，还是斩断这样的情思呢？父母说，高中如果喜欢上女孩就不再有心思学习了，我是不是喜欢的不是时候？

你有了心头的牵挂，这是一件美好的事。从网上可以找到这么一段被学生们拿来描述“初恋”的文字，其实是我写的：

人的一生中会有一个奇怪的阶段，忽然对异性产生了莫名其妙的感觉。意识到身边某一个人的存在，想要看到，想要引起注意，却又刻意隐匿自己真实的内心。酸涩里带着甜蜜，从所谓的小秘密中可以咂摸出百般滋味。无数的形容词开始活跃起来，丰沛的感性汩汩而出。少年不识愁滋味，为赋新词强说愁。心情暗潮涌动，悲伤逆流成河。觉得自己卑微，同时却又生出无限的骄傲，就像一个孩子往水里扔石块，看到那荡起的层层涟漪而觉得快乐……

“喜欢”这件事，当它发生的时候就是自然而然的，没有什么“不是时候”这一说。因为喜欢一个人往往会让自己更积极，更加元气满满。但是如果心里的“喜欢”变成了一种沉溺，变成了时时缠绕的梦境，并且困扰到你正常的学习生活，那么当然不能放任了。说白了就是：想一想她是可以的，但要省着点想，要悠着点想。

我不会鼓励你像偶像剧里的男主女主一样，嚷嚷“勇敢地去追求吧”“不说出来，永远都没有机会”这样的话。那样真的是不负责任。你知道吗？如果你表白以后被拒绝，那么你体验的是“梦碎”的残酷，是挫败后可能的“自卑”（如你自述）。你觉得在意志消沉的状态下，能学得好、考得好吗？万一，我是说万一你的表白被接受了，你们进入了所谓的“恋爱”状态，随之而来的恐怕是连绵不断的烦恼，比如老师的约谈、家长的介入，等等，还有各种凭空而生的酸醋味。而且坦率地说，既然你挺喜欢这位女生，她那么漂亮，那么美好，你根本就不应该在这个时候去打扰她。《诗经》里说“士之耽兮，犹可说（脱）也；女之耽兮，不可说（脱）也”，同样是所谓“早恋”状态里，女生受到的负面影响会相对大一些。所以，有时候，不轻易打扰，也是一种美德。

人的心理是这样的，有些念头你越是想控制就越是失控，越是想斩断就越是缠绵。这就是心理学家提出的“白熊效应”，你越是想忘掉某件事某个人，那件事那个人就越是牢固地盘踞你心。所以我不建议你用一种决绝的方式“克制”“斩断”，因为几乎不可能，人脑里并没有一个切换开关。但省着点想是可能的。我记得自己在高三那年，也是又酸又甜地想着一位女生，在家里也会时时“才下眉头却上心头”。后来我想她时就告诉自己，现在不是时候，干扰太多，想也想不好，家人还会以为我发痴了，不如放到临睡前想吧，想着她入睡，才更有仪式感呢。是的，就这样调整好了。这也可以说是“克制”，但我更愿意称之为“搁置”：该学习时学习，该运动时运动，只在一个纯私人的时空里，在心底一个安静的角落里，搁着一个喜欢的人，装着一个美丽的梦，多好啊！

别让错误的归因“成全”你的卑微

我是一名高一学生，去年中考失利（平时年级前三），没考上重点高中，好朋友超常发挥考上了。这是背景。

好朋友是个三观与我相合、特别好的女孩，但是她的家长对我的态度不怎么样，中考之前还行（可能因为我当时成绩好），可中考后就不一样了。她的奶奶跟她说不要和我玩。我知道了以后真的很难受很难受。

前几天我去她家找她聊天，是她妈妈开的门。阿姨看到我，一脸“你不用上网课吗？”的表情，我解释了一下我们上的是录播课，阿姨就让我进门了。但是，我听见她去屋子里叫我的好朋友时的絮絮叨叨：“你以后不要再和她玩了，你学你的，她玩她的。”

那一瞬间，我手脚冰凉。为什么啊，就因为我没考上重点高中吗？我考上了不怎么样的高中，我没有自暴自弃，为什么她的家人要这样蔑视我？

从文字里可以感觉到你应该是一个明白爽利之人，对于人、事、理似乎都有着几分通透的领会。比如你一直成绩优秀而中考失利，却“拿得起放得下”，能保持相对豁达的心境，不自暴自弃，对于超常发挥的朋友也心无芥蒂，没有嫉妒，殊为难得。

但跟所有人一样，你在看待理解事情时恐怕也还存在一片盲区，称之为“理障”“情障”也未尝不可。其一是执迷于一个可能错误的归因，笃信不疑。其二是没有迅速从不利的境遇中跳脱出来，徒增烦恼。

说个故事吧。有个男孩与女孩交往，男孩家贫，女孩则家境优裕。相处日久，女孩觉得与男孩三观不合，多有隔阂，时生矛盾，遂生分手之意。男孩坚定地相信女孩想分手是因为嫌弃自己没钱，于是语多讥嘲，粗鄙之相尽显——而这更坚定了女孩的分手之意。女孩其实从未介意男孩有钱没钱，否则也不至于当初完全不顾父母反对要跟他在一起，但“没钱”这个事却成了埋在他俩之间的一颗“雷”，随时会被引爆。最后终于逼着女孩喊出一句：“我就是嫌弃你没钱，怎么啦?”这也算是成全了男孩心底的执念，他就抱着那一个错误的归因，自怨自艾、牢骚满腹地继续生活，他的心智没有从这场失败的恋爱中获得半分成长。

我绝不是说你像故事里的那个男孩。但凡在人际关系里受到挫败，我们往往都免不了如此这般地去归因。这个归因的冲动是那么单一、狭隘、执拗，它总是不依不饶地指向自己平生最在意的不足、最巨大的遗憾、最深刻的隐痛。这是人性的缺点，也是人性的真实。我们以为已然放下的，原来从未真正放下过。来自他人的一个轻慢的眼神、一句无心的言语可能都会刺痛我们，我们就这样变得“多心”了，变得“敏感”了，变得“脆弱”了。那个“因由”还会不断自我确认，就像有磁力一样，把所有旁人令你不适、不悦的态度都吸引过来，被纳入自造的心牢里，它就像一个哈哈镜，扭曲了我们看待世界与自己的正常客观的眼光。这就是“境由心造”，就是“作茧自缚”。

你骨子里定是一个单纯善良的人。别人正在拼命学习，你顾念情谊去找朋友玩，没想到她的奶奶、妈妈都不欢迎你。仅仅从你的叙述里，我们很容易得出她的家人自私、势利的印象。但我们知道，一切的叙述（哪怕再客观的只陈述所谓事实的叙述）莫不渗透了叙述者自己的意向和态度。

你朋友的家人待你确实不热情，还嘟囔着颇为刺耳的抱怨，我想谁听了也不会感觉舒服的。但你一味地将之归结为自己没考上重点高中，是她们嫌弃你成绩不够好，有很大的可能是你陷入了错误归因的那个大坑。

有人想当然地以为，一个成绩优异的孩子与一个成绩不好的朋友一块儿玩，那个成绩优异的孩子会吃亏，成绩会受到拖累。这可以说是天底下最大的笑话了，仿佛一个富翁跟穷汉一起玩，富翁的钱就会消失一样。一些家长不希望孩子跟成绩差的同学玩（我默认所有同学无论成绩好坏，品行皆无问题），重点落在一个“玩”字上，也就是说他们担心的是自己孩子的时间被无谓地占用！

只要是“玩”，无论成绩好成绩差，都会消耗掉学生所谓的“学习时间”。虽然我一直以来的观点是，无论学习多么紧张都应该“玩”，而且要玩就该玩一些与学科学习无直接关系甚至无丝毫关系的东西，劳逸结合、有张有弛是王道，广义的学习绝不囿于书本课堂，人要学会把时间“浪费”在各种美好的事情上……但我知道几乎没人愿听这样的话，说了也是无益。莫非学霸之间的“玩”，是互相比赛做题？是交流学习心得？是分享独家秘籍？不存在的！真正的学霸之间会有学术上的切磋、思想上的激荡，而高考背景下的咱们的中学生学霸之间，几乎没有一起玩这回事，只有明里暗里的竞争、只有你“死”我活的较劲！你去找朋友玩，应该主要是聊天闲谈吧，可这样的闲聊在她家人看来就是浪费时间。这跟你是否考上了重点高中、成绩好不好没有关系。

千万别以为你成绩很好，她的家人就会很欢迎你去找她玩。如果你上了重点高中，成绩年级前三，她们会这样劝告女儿：“她是重点高中年级前三啊，以后上个‘211’‘985’跟玩儿似的，浪费点时间也不要紧的呀，你的天资比不上人家，是要为升‘一本’拼尽全力的呀，时间对你们的意义不一样的呀，你是真的一点也耽误不得呀，要笨鸟先飞呀，人家玩着玩着上了好大学，你玩着玩着却落了榜，到时候有你哭的嘞！……”

没考上重点高中是你的心头之痛，是你尚未真正放下的一个“情结”，所以你会把朋友家人令你不愉快的脸色和话语归咎于成绩，你差不多把它看成了自己的“原罪”。其实，能够随时找到家里去玩的一定是好朋友，她的家人不会嫌弃你、蔑视你的，是你在嫌弃自己。我愿意帮你换一个视角来看事情，从你自造的心牢里解脱出来，从你自己挖的大坑里爬出来。她的家人没有让你产生温暖、轻松的感觉，是她们自己内心很难温暖、很不轻松啊！你朋友上了重点高中，学习强度、竞争压力一定很大，她又是超常发挥才考上的，可能学习起来更是吃紧，那她家人内心的焦虑程度可能远远超出你的想象。在这样的背景下，她们为自己孩子宝贵的学习时间被占用而心痛不已，对于你的“打扰”有所不情愿，是不是稍微好理解一点？

如果你觉得自己的朋友三观正、为人好，那么请相信她的家人应该也不是自私、势利一族，没有良好的家教是不会教出美好的女儿的。当然她们会有认知上的局限，会有不得不有的算计和掂量，也会有自己的紧张和焦虑，你能理解她们几分，也便能宽慰自己几分。

好朋友不一定经常腻在一起，不在同一个学校，还可以有云端的互动。所以先不要再去找朋友玩了，她现在有心头重压，你不也有你眼下的使命吗？既然你没有自暴自弃，也没有那么佛系放下了计较心，那么何不好好积蓄力量，把更多的心思贯注到学业上来，让自己来一个大进步，重新占领学业的制高点呢？说实话，你中考发挥失常，我有点为你感到遗憾，但更为你的父母感到心疼，他们也许嘴上不说，也许为了怕你难过而一直小心翼翼地掩饰着自己的失落，他们一定很希望你能重整旗鼓，你的时间何尝不宝贵啊！所以，不要拖泥带水，不要独自生闷气，尽快让自己从独自烦恼的境遇里撤离！请相信我，只有当你好好“搞学业”，并且取得进步的时候，那个给你带来刺痛的心结才能破除，你才能真正让自己释然。

别让错误的归因“成全”了你的卑微。青春是一本太过仓促的书，经不起丝毫耽误，而在你奋斗的中途，定会有美好的相遇。

祝福你！

任何人都有不透明的部分

经过两年多的初中生活，我明白了许多道理，也看懂了许多事情。在学校我结交了很多朋友，男生女生都有，但总觉得很少有懂自己的。即使那几个平时关系比较亲密的朋友，关键时刻也都自顾自，甚至尔虞我诈（也许我说得严重了一点吧），为什么大家不能开开心心地做朋友呢？

从小学生到中学生，人开始变得不再那么“透明”了。自我意识、个体意识越来越强，内心里也有了一个仅属于自己、不太愿意与人分享的小“暗室”。虽然还是会喜欢“众乐乐”的场面，但有时候也懂得享受“独乐乐”之趣味了。

你应该是个性格开朗、喜欢交际的人，但很显然你对他人在你面前的“透明度”有着过高的期许，要知道朋友也仍然是他人，而他人都有一个“自我”。因为期许偏高，他们维护自己的一些表现就被你理解成了“自顾自”“尔虞我诈”。我当然不喜欢一些人身上表露出来的自私，也不欣赏同学间只有竞争缺乏合作互助的狭隘，但不至于因为那些人性缺陷的存在就“怀疑人生”；可是，如果有人摆脱私欲的羁绊、突破小我的格局做了什么，那就要赞美他们身上绽放出来的“人性的光辉”——因为这是超乎期待的表现。

当然，你认为朋友相处应该尽可能展现美好的一面，没错。但是朋友总是带着各自的优点和缺点聚集在一起的。聪明伶俐的也许心眼偏小，性格直率的也许口无遮拦，为人仗义的也许粗心大意，知情识趣的也许——把你的知心话都泄露给了别人听。用过于苛刻的眼光去看待朋友，连一点瑕疵都接受不了，以为自己是宇宙的中心，是评判整个世界万事万物的尺度，那就真的有点“中二”了。

更关键的是，很多朋友其实更像是小伙伴，一起吃吃东西，聊聊八卦，开开玩笑，谈一些共同感兴趣的话题，做一些有趣又受益的游戏……只有因为种种机缘，交往再深入一些后，朋友之间才会有更多的“给予”并伴随着更多的“要求”，才会有心照不宣的“约定”，并且用它来丈量彼此之间的“权利”和“义务”，如情绪低落时的安慰开解、面临挑战时的勉励互助、遭逢困境时的携手分担，等等，让两个人的“自我”深度交融。披沙拣金才能得一知己，人生有一知己足矣。大多数曾经路过、曾经逗留的小伙伴其实像流沙，辞旧迎新，来来往往，如此而已。你何须有太大的失落，寄予本就不该有的太高期望？

祛除“中二少年”的心魔

在学校，我总是被人误解，被人看扁。我环顾四周，只看到污秽，看不到一丝纯洁。身边尽是自私自利、唯我独尊的人，我实在看不下去也受不了了。我认真学习，在同学们看来是虚度光阴。他们认为我是书呆子，其他什么也不会，和我没有共同语言。

我不认为你看待自身处境、看待别人品性的眼光是客观的。当然，任何人的眼光都带有主观性、选择性、倾向性，只是我不明白你的“主观”的探照灯所到之处何以都是丑恶，却没有一丝美好？罗丹的这句耳熟能详的话你肯定听到过：世界上不是缺少美，而是缺少发现美的眼睛。没有发现美，看到的只是平庸，那也罢了，因为我们毕竟不是艺术家，但倘若只能看到丑恶，那很可能是你只想看到丑恶，你只愿意把视线投射到那些“污秽”的区域。

为什么会这样？我不清楚你受到过什么样的伤害（“被人误解、被人看扁”很可能是你对于自身境遇的失真的判断），但我知道你一定相信自己受到过伤害。所以你的受害者心理是真实的。这种心理有时候很有蛊惑性，它会强化类似于“举世皆醉我独醒”这样的意识，觉得天底下没一个好人，只有“我”这可怜的羔羊经受着侵犯，“我”从这样的想象中还能催生出一种与整个环境相抗争的古怪的悲壮感。你说，究竟是谁“唯我独尊”呢？

如果我说你以这种灰暗的、苛刻的、批判的、自以为是的眼光看世界，看周围的人和事，就是一种症状不轻的“中二病”，希望你不要感到自己被冒犯了。

小孩子眼里的世界很单纯很美好，幼儿园里的孩子整天唱着“我们都是好朋友”这样的歌。随着年纪一天天大起来，就应该开始慢慢地认识到人是一种复杂的动物：人会慷慨大方很有爱，但又必定会有自私的一面；人都以勇敢为荣，但不可避免会表现出怯懦和恐惧；人是追求诚实坦率的，但即便不说谎，太多的时候也都会有所保留……人心是充满杂质的，所谓通透澄明的“赤子之心”只是一个喻体，或者是一个心向往之而不能至的境界。

对不起，这就是人，充满了各种缺点的人，而且这些缺点别人身上有，我们自己身上也都或隐或显、或多或少地存在，所以不能接受这样的人，那其实也同时意味着没有悦纳自己。

要让自己快乐起来，要让自己感知到环境和他人并不是那么糟，我们自己首先要抛开敌意，心中要流淌着更多的温情和善意。先祛除自己“中二少年”的心魔吧！只要你愿意给出第一丝微笑，这个世界就绝不会吝于回报你所有的美好。

别失去自己的思想独立，更别剥夺他人的审美自由

我的一个同学是某个明星的粉丝，她天天在教室里给大家推荐偶像的歌。如果有同学说她的偶像现在风评不好，并且不是故意针对她说的，只是提了一句这个情况，她就会发疯似的反驳，甚至还骂人。

班上的同学喜欢其他明星，也会向大家推荐各自偶像的歌或者电视剧。每到这时候，她都会很不屑地说这些歌、电视剧不怎么样，或者嘲笑别人的偶像已经过气了，接着就开始吹嘘自己的偶像。

我觉得我的脾气挺好的，但也不太能忍受她这种行为。面对这样的同学，应该怎么办？

有“麻烦”的人不应该是你，而是你的那个同学。无论她对自己偶像的迷恋是多么狂热，总不至于揪着你的耳朵来强行灌输吧。只要不“刺激”她，在她推荐自己偶像时冷眼看之，远离之，不理之，她的劲头也就不会那么足了。她对你实质上的骚扰终究有限，你不必烦恼。

你同学的麻烦在于，她对偶像的疯狂追捧和刻意维护有些病态了。“饭圈”的那一套，现在太招人烦，几乎已成一大公害。正常追星没什么，这个时代的“意象形态”太强大太有魅惑力，这个年龄段又太容易在半虚

幻半真实的梦态情境里沉醉不知归路，但是不要随便入坑。“一入侯门深似海”，一入“饭圈”成“杠精”，整个人变得五迷三道，其唯一使命就是抱团死命捍卫自家“爱豆”，动辄大骂公司，一言不合就怒撕“黑粉”甚至误伤“路人”，所过之处寸草不生。“脑残粉”，最大的麻烦就在于，自己的心智受伤了。

心智之伤表现为：喜欢以一种绝对化、独断性的态度看待“爱豆”，但凡“爱豆”的一切都是“真香”啊，排斥一切质疑的声音，拒绝所有客观的评论，只遵循非粉即黑的简单粗暴逻辑。与对“爱豆”的跪舔媚态形成鲜明对照的，是对非我族类的蛮横霸道和凶相毕露，自己强行洗白天经地义，别人哪怕吃个瓜就是肆意抹黑。沉浸在这样的“饭圈”氛围里，一个人可以说几乎完全丧失了思维独立和审美自由，助长了自己的依附盲从心理和攀附归顺心态，更糟糕的是，渐渐地会让自己变成一个在心智上特别偏执、狭隘、极端的人。

面对这样的同学，我建议你不要招惹和刺激她，也不要抱着能把问题辩论清楚的企图，因为除了引起一场毫无任何理性内核的不必要的争吵外，没有任何意义。但是我也不希望你对她心存鄙视与厌恨，其实她也是这种“饭圈”文化的受害者。我常说的一句话是，“可恨之人也有可怜之处”，这句话对于未成年人尤其适用。你们都还处于生命长河的上游，正在学校里接受开启生命之河的前端的教育，心灵本原清澈，每个人都有机会从“饭圈”这样的泥沼里脱身。如果你对一些粉丝为何会变得那么偏执、狭隘、极端的文化心理机制有一点理解的话，或许你的心态会变得更平和些，面对狂热粉丝某些不可理喻的言行，你说不定还会露出“姨母”笑。

今天的明星是非常依赖于话题热度和流量的，热度和流量基本上来自粉丝的贡献。传统偶像的黄昏已经来临，冉冉升起的是无数粉丝小小的“自我”聚合而成的巨大的感性偶像。

粉丝把“爱豆”当成是自己的一部分、看成自己的一个映像，在“爱豆”身上投射了她们的欲望或梦想、青春和激情。她们自认为与“爱豆”血肉相连，成为与自我高度融合的一个共享角色。偶像的成败就是粉丝自己的成败，粉丝对于偶像的追逐和痴迷，除了能够享受站在某一面“旗帜”之下的荣耀，更是为了寻求自我身份的确认，从这种集团性的肆意狂欢中见证自身的力量感——如果他们的言行不当，集合起来能形成一股网络暴力。他们体验了共同的“在场”感，他们感到自己并不是一个无依无靠的个体，在一个趣味相投的圈子里、在情感意向一致的现场、在一个感染力很强的共同体中，他们的个体边界确实会在一定程度上消融，从而在内心产生安全感和满足感。这是一次个体生命感令人眩晕的延伸，他（她）的“自我”仿佛得到了繁殖，与更大的世界之间建立起了一个链接，生命因此腾起一朵小小的浪花。这的确是一个迷人的过程。所以“爱豆”于粉丝而言不只是一个静观的对象，而是“爱你就等于爱自己”。也因此，当有人所言对其“爱豆”不利时，她会疯狂强辩维护，展开肉搏。她早已把自身幻化为心目中的偶像，是客观化的自我。

事实上，偶像大多数都是优质的，因为他们毕竟大多是经过选秀、比拼厮杀出来的，更是无数粉丝优选的结果。他们形象出众，卓有才华，经得起聚光灯和粉丝目光的烤灼。尤其是置身于竞争残酷的娱乐产业链之中，他们要不被淘汰，真的都非常努力。真粉丝是一定能看到偶像的努力的，如果能从中汲取正面的力量，那真是善莫大焉。

你那位同学大概没有意识到，不是别的，正是她和像她一样的“饭圈”死忠粉们失去理性边界的疯狂反驳和骂人之举，才是对她“爱豆”形象构成伤害的肇因，比如，招来全网黑的局面。被全网黑的偶像其实颇为无辜，但是真爱粉当明白，凡事皆有因果，人不可执着如冤鬼，而要懂得解脱。

我所关心的其实并不是偶像是否被黑，只要粉丝不胡乱攀咬，偶像定会重见天日，毕竟“来日方长”嘛。如我前面所说，让我心痛的是许多疯狂追星的学生党，心智受了伤。

但我也知道，我拦不住一些年轻孩子去疯狂追星，我只能像你们厌烦的老师一样说话：对于某个心目中的偶像，“粉”也好，“黑”也罢，都未尝不可，但请“轻”一点儿，没有必要用力过猛、用情太深，把他当成自我的投射。我觉得做个路人挺好的，无论人物还是风景，静观时才有欣赏的心境，才有更长情的陪伴。如酒神般狂热，也不可能一路疯疯癫癫醉到底，终究还是要醒来，醒来会觉得青春多荒唐。

有一个快速入睡的妙招，但还不够

我现在高二了，本来晚自习下课后就挺晚了，但是舍友们还要夜聊、写作业到更晚，很吵，导致我晚上睡眠不足，上课想睡觉怎么办?

我先拉一下仇恨，本人在任何环境和心境下都能快速入睡（除非我自己不想睡），同宿舍人的吵闹、彻夜不熄的日光灯、烦心事扎堆涌过来……对我都没有丝毫影响。我的秘诀就是：回放小电影，自成一世界。中学时，我回宿舍上床后，一般就进入了回放电影模式，各学科的内容就像放电影一样在我脑海中一幕幕过，往往还没等我想通某道题的解法或记清几个单词，睡神就已降临了。旁边的噪音、不熄的灯光都变得不存在。年岁渐长，杂念纷乱，偶尔不易入睡，我会在躺下后静静回想某部很喜欢、很熟悉的小说或电视剧里的情节，比如《三体》《琅琊榜》，从任意一个场景进入，结果往往也是，章北海的故事还没发展几幕，梅长苏的台词还没说几句，我就睡着了。

不知这个招数对你是否管用？但我其实不抱太大希望，因为每个人对于入睡环境的敏感度是很不一样的。所以下面说点正经的。

看到你的问题我瞬间冒出一长串问题：莫非你们宿舍连寝室长也没有

吗？莫非现在的高中宿舍不需要熄灯？莫非你们学校连一个宿舍管理制度也没有，或者明明有这个“条例”那个“规定”却形同虚设？宿管呢？班主任呢？政教处呢？生活辅导员呢？

别的不说，如果一所高中的寝室纪律很差（比如不执行熄灯就寝，或熄灯后“卧谈会”开得肆无忌惮），那这学校的办学水平一定很糟糕。

在一个寝室文化恶劣的环境里，一定是老实的、守规矩的、讲文明、讲纪律的人憋屈吃亏，有怨不敢言，有火不敢发，或不好意思发声，或发了声也没用，反而招来群嘲或众怒，这就是典型的“劣币驱逐良币”。别小看貌似不起眼的寝室文化，如果这个小空间里无序失范、杂乱无章，毁掉的不只是一点安静的睡眠时间，而是置身其中者对集体的归属感，更是团队正气、良好学风。这很像美职篮里的“更衣室文化”，但凡更衣室里气氛变得糟心，变得微妙，整支球队也就离分崩离析不远了。寝室长本该成为一位有担当、有领导力的“更衣室领袖”，但在你们宿舍里显然没有这样的人。

面对舍友们夜聊、写作业，你有没有表达过自己的意见？我知道有不少因舍友夜聊睡不好的同学，买来眼罩和耳塞，闭目塞听，以求清静。但眼罩和耳塞的质量再好，作用终究有限，恼人的光线和声音终究还是会顽强地钻进来，再说你胸有不忿，恐无法做到平心静气，睡眠质量还是会大打折扣。所以你还是要把自己的诉求表达出来，否则他们还会误以为你挺享受这种状态的。况且你啥也不说，一味忍受，睡眠很糟，情绪更坏，身体和心理健康都受影响。晚上大家聊得兴起时你提议安静睡觉，他们可能会觉得扫兴，你不妨在早上大家都深感起床困难时说上几句：昨晚都睡得太迟了，真的起不来啊，我说各位，咱们以后晚上都早点睡吧，夜聊一时爽，早起泪汪汪啊！

我不建议你在表达的时候态度太强硬、一味说狠话，在一个屋檐下生活，低头不见抬头见，关系闹僵了确实太别扭。学校生活尤其是宿舍生活中最难过的部分就是被孤立，要尽量避免出现这样的局面。适当的“示弱”，说不定别人更能听进去话。比如说：你们都是钢铁侠，我只是个小脆脆，再睡不好我快撑不住了，要神经衰弱了……

说了以后有点用最好，他们仍不收敛怎么办？我想你应该找一找“同盟军”。除了你之外，宿舍里恐怕还有人苦此等“夜闹”久矣，你与他（们）联合起来，共同发声，效果会好一些。一个小群体中，一个声音真的太微弱，容易被无视，但只要有另一个人随声附和，整个气场就很可能会被扭转。

倘若夜聊之风始终没有改观，你就去找班主任反映情况吧。但凡有点责任感的班主任，都不会放任这种情形不管。班主任深谙良好宿舍环境对成长、对学习的重要性，当他（她）了解情况以后，定会加强管理。如果你能叫上一两位同样渴望好好睡觉的舍友一起去申诉，效果就更好了。

让事情回归轻松和简单

我已经上高二了，对班里的一位异性突然产生了好感。有一天，他知道了，当时就懵了，只在那儿看书，一句话也不说。结果，我与他平平淡淡的友谊也没了，两人见面时都很尴尬。我希望即使不能像以前一样整天和他嘻嘻哈哈，也还能够毫无芥蒂地经常相互交流，该怎么做？

因为我不知道你是怎样的人，也不知道他是个怎样的人，所以我无从判断他得知你的好感以后的反应究竟是什么意思。如果在成年人之间出现这样的情况，那么他的沉默其实意味着拒绝，当然是一种婉转而含蓄的拒绝。但他跟你一样是情窦初开的学生，第一次遭逢超出父母亲情、兄弟友爱之外的完全陌生的情爱体验，不知所措也是很正常的，所以他的“懵”也许与拒绝无关，而仅仅表明这份情感的出现出乎他的意料之外，他还没有准备好该如何去应对，所以本能的反应就是沉默。他可能是在逃避：无法当即做一个是或否的决定，害怕做出肯定或否定答复后随之而来的后果。也许在你看来表达一下好感是简简单单的事情，但他却把这件事看得很严重，于是在面对你时会有心理压力，结果就是——尴尬了。

要摆脱这种尴尬，主要还是取决于你。凭着一种感觉，我想在两人交往中你是主动的一方，否则你不会直接地让他知道你的好感。现在是你在猜他的心思，而不是他在猜你的。他让自己躲避在沉默的面具后面，确信那是在没有准备好直面一份异性情感时一个相对安全的策略。他“举轻若重”，把一个女生的好感变成了自己的负担；他“化简为繁”，使异性之间单纯美好的吸引力掺杂了过多不必要的顾虑。要打破尴尬，你就应该让事情回归到轻松和简单的层面上来。比如，既然你们曾经习惯了嘻嘻哈哈的交流，你不妨主动找他谈话，半开玩笑地问他：“我说了那样的话，是不是把你吓到了？我有那么可怕吗？”当他发现你的口气是轻松愉快的，并没有给“好感”加上特别的意味，那么对他来说面对你时也就没什么好纠结的，无论是或者否、不置可否都没关系，尴尬的局面自然会改观，也许他还会嘻嘻哈哈地回敬你：“哪里哪里，是幸福来得太突然了……”

当然，你也可以尝试用请他帮忙的方式来恢复你们之间的友谊。无论如何，被一位异性需要的状态能让他感觉良好。如果他因为自己没有正面回应你的好感而心存歉疚，那么你的帮忙请求能让他得到你其实并不介意的信号，而给你帮忙也会补偿他的亏欠之感，他不敢直面你的心理会被冲淡。

如果有机会，你应该让他明白这句话：“我喜欢你，但与你无关。”也就是说，你对他人产生了好感，那份美好的感觉是你自己在享受的，即便对方没有做出同等的情感上的回应，你也一样为生命中涌现的这种好感而欣喜，并且感激焕发了你这种情感的那个人。你并不需要对方为你纯粹的喜欢负什么责任，你对你自己负责。懂得这层意思，异性之间感情的事的确能变得轻松简单一些。

一个人，可以像一支队伍

我最近很烦恼，没有人和我一起学习，我的同学总喜欢追星恋爱，道不同不相为谋，我不知道该如何融进他们的世界，他们都认为学习很苦，我无法用知识和他们交流了，我该怎么办？

如果我是你的家长，我会对你说五个字："管好你自己！"

如果我是你的老师，我会两眼放光："原来班上还有这么爱学习的人！"

我知道很多事情是需要抱团的，因为抱团可以帮助自己克服惰性，可以给自己一种莫名其妙的力量感。在学习还没有"成瘾"之前，我们需要一定的氛围，需要一群人结伴同行。所以大学图书馆总是占座太难，暑假里的公共图书馆也总是人满为患。

但我还是要告诉你，从根本上说，学习是自己一个人的事情，是无论什么场合下都可以发生的事情。当你开始怪罪身边的环境时，你就要警惕了："我真的爱学习吗？我不是在给偷懒找借口吗？"

所有人都是一样的吧，都曾经希望教室里忽然停电，都希望某科老师忽然生病，然后自己可以撒着欢儿地玩。因为客观环境的不佳，会让我们的自我放任变得心安理得！

但我们知道，无论在怎样的环境下，有人在坚持不懈地努力。钱学森在美国被监视着生活时，他心理压力大不大？他有太多的理由啥也不学，啥也不干，而且确实也被剥夺了参与许多重要实验的机会，但他就是在那种环境下，写出了著名的《工程控制论》。浙江大学一位研究朱熹的学者，全家住在一间平房里，他只能站着看书，站着记笔记，站着写字，妻子烦，孩子闹，就在这种环境下写出了皇皇百万言的《朱子大传》。

这样的例子可以举出成千上万。任何一个有所成就的人都有一种极为可贵的抗干扰能力。任何一个碌碌无为的人都有一种极为强大的找借口本能。如果你真的爱学习，那就自己闷头看书学习，自主探究，有什么好烦恼的？习惯于把自己失败的原因推诿给别人，推诿给环境，这是“弱者思维”。梁启超说，有时势造英雄，也有英雄造时势。打篮球的人都知道，有让自己变得更好的队友，也有带不动的队友。造时势的英雄，让队友变成更好的球星，很少，李鸿章和麦蒂都不算。

但你这个阶段的学习，不需要非得依赖你的队友吧，也没有需要你去承担你带不动的队友吧。你只需要“管好你自己”。

你知道吗？人处在一个群体中，有时候会形成一个奇怪的磁场：不求上进者总是想把别人拉到跟他一样的水平上（也许只是下意识的），大家一样平庸，一样怠惰，一样无聊，然后就“心安理得”了。你没有心安理得，说明你还有自己的追求，那就管好你自己；氛围不好，那你就得有定力。

我不是对追星恋爱有偏见，但把这大好的少年时光抛掷其上，实在可惜。你没有必要去融入其中。未知的世界很大，请你保持对学习充沛的渴望，保持对世界旺盛的好奇心，即使别人嘲笑也不必介意，他们只是想把你拉到跟他们一样的水平从而让自己心安理得而已。爱学习没什么好清高的，但也完全没有必要去迁就他人。

在这样的环境里，孤独感随时会降临，而你需要努力学着像刘瑜说的那样：一个人要像一支队伍。“人生若有知己相伴固然妙不可言，但那可遇而不可求，真的，也许既不可遇又不可求，可求的只有你自己，你要俯下身去，朝着幽暗深处的自己伸出手去。”

许多人只是路过你的生活

我是一个中学生，我比较木讷，可能有点笨笨的。班里有个同学很聪明，人缘蛮好的。但这个人陋习很多，比如他喜欢看一些奇怪的图片，而且爱说脏话。我不喜欢。

暑假里，我通过QQ想和他交朋友，他也同意了。但是暑假结束开学后，直到现在，我从他看我的眼神里感觉到，他似乎把我看成一个傻瓜。朝他看一眼，他就会用难听的话骂我。他分明就是瞧不起我，鄙视我。我不爱说脏话，也不骂他，但为什么他会用这种语言来说我呢？有一天我被他骂哭了。很好笑吧，十三岁的人了，还会被别人骂哭，真没用！但他却是毫不羞愧地轻蔑地笑我。而我被他恶语嘲骂后，身体会感到僵硬。

他的成绩排名在全年级都是特别好的，而我的成绩最多是中上。他是老师眼中的宠儿，我不是。他人缘很好，我人缘却很差。面对他的冷嘲热讽，我甚至都不敢反驳。我太懦弱了。这也让我一再鄙视自己。有一天我问老师，我是真心诚意想和他做朋友，为什么他要那么对我？老师说，有些人讨厌另一个人是不需要理由的。他讨厌我就是没有理由，看我不顺眼。

因为他骂我，鄙视我，我很想使自己所有的能力都凌驾于他之上，可我没有这个能力。我越来越自卑了。面对他人的恶语，我该怎么办呢？身体僵硬，是身体自我保护的一种反应。我很希望自己能像卡耐基先生说的那位海军上校一样，无论别人怎么骂他，他都不会反驳，不会生气，笑容始终保持在脸上。可我做不到。我该怎么办？我该如何克服自卑和恐惧？

首先我要告诉你的是，不是所有的同学都天然可以成为朋友，这跟你是否有诚意没有关系；也不是所有的同学都值得成为你的朋友，这跟对方成绩是否优秀也没有关系。所谓同学，不过是你们凑巧一起在同一所学校同一个教室里上课而已。虽然你们之间的空间距离比较近，同属一个群体，彼此之间或多或少也必然会有一点儿交集，有一些共鸣，但如果不是因为双方身上都有互相吸引的地方，都有向对方靠近并且敞开自我的意愿，都能从与对方的相伴、交谈中获得心理上的愉悦，那么你们根本没有必要也没有可能做朋友。

很奇怪你为什么非要跟这个会用无礼的态度、粗暴的话语伤害你甚至轻贱你的人做朋友。坦率地说，我觉得你们之间的关系辱没了“朋友”这个词。朋友之间需要有心灵的吸引，需要有较高的默契，需要有大致平等的“情感交换”，可是他对你，连最起码的人格上的尊重都没有！如果朋友是靠挨骂忍辱得来的，是靠低声下气乞求来的，那这样的“朋友”不要也罢。请一定要记住，真正的朋友之间哪怕有争论，也是能够照顾对方感受的，骨子里也是含着满满的善意的，所以有“像敌人一样的朋友”这样的说法。我一直说，朋友之间，即便不能互相成就——一起进步，一起成功，至少也要能做到彼此成全——给人面子，给人退路。

我的建议就是，先放弃与你心目中这位同学做朋友的执念。我并不是很清楚他为什么那么讨厌你，既然他“人缘蛮好”，那说明大多数同学对他的认可度比较高。如果他独独要“踩”你、“虐”你，是否你自己的行为方式也有值得反思的地方？比如，你是否平时在一些地方太爱较真？你是否老是问他一些比较幼稚的问题，而且纠缠不休？你的兴趣爱好是否与他完全不在同一个频道上？又或者你把与他的交往看得太重，所以平时做事说话时太紧张，不够淡定？……我真的不知道。我只能劝你暂时先搁置与他交友的想法，不必太执着，不要死磕，否则会显得有点“二”——也许他正是因此而鄙视你。

每个人最首要的事是先做好自己。能交上所谓“优质”的朋友固然会觉得愉快，但你的良好的自我感觉可不能依赖朋友来维系。好好地把时间精力用在学习上，好好地发展自己的兴趣特长，让自己成为一个有魅力值的人，比一天到晚琢磨如何取悦别人重要一万倍。而在寻求自我发展的过程中，你可以设定一个超越的对象（比如那位你想交朋友的同学），但千万不可用力过猛，不要总想着如何“凌驾于他之上”这样的事，把你自身的潜力发挥到最大，做最好的自己，也就足矣。

爱尔兰诗人叶芝写过这样两句诗：“许多人路过我的生活，只有你进入我的生命。”不能成为朋友的绝大多数同学，都只是路过你的人罢了，而在未来的人生中，你一定会找到真正值得珍视的朋友，那才是进入你生命的人。

让自己成为一个发光体

我最烦恼的事只有一件，就是人缘不怎么好，很难找到知心的朋友，即便有，也很快就疏远了。我特别想去找她玩，但看到她和新朋友玩得很开心，又不愿去打扰。烦恼无人可以倾诉，本来外向的我变得内向了，不愿再把自己的真心交给别人。

本以为友情可以简单长久，没想到如此易碎。她融洽地加入了别人，而我选择了孤独。

想把自己的痛苦告诉别人，却又怕被人冷落或投来不屑的眼神。总喜欢和小动物在一起，害怕步入社会，不知道是否会有朋友。会莫名其妙地流泪。

我担心成绩太差考不上好的高中，没法跟我的好朋友同校同班。想起来就难受。

上高中之后，感觉身边的同学不再像初中的同学那样单纯。有些明明自己习以为常的事情，在别人眼里可能就是矫情。

我是个内向腼腆的人，不愿开口表达，有些话总在心里憋着。在班里也少有朋友。我也很多愁善感，可能别人无心的话或眼神就可以让我一整天的心情被影响，一直生气，却不让别人看出来。这样的我，该怎么办？

我有一位之前最好的朋友，只因为我找她倾诉时说太多，她就冲我吼，让我在大庭广众之下丢脸。我们每次冷战，都是我先道歉。后来我们决裂了，什么小学情谊，呵呵，没有什么是时间磨洗不去的东西。我才十五岁，却不知为何总觉得眼前的道路上处处都是荆棘？

初中的时候，结识了两个朋友，让我的性格从此发生了逆天的改变，从腼腆变逗趣。那时候，因为有一个人喜欢上了动漫人物，我们仨就都坚信那个动漫人物是真的存在于这个世上的。我们会爬上很高的山峰大声呼喊，放飞载满心事的纸飞机。

…… ……

收到有关朋友的信真的太多了。或感慨害怕，找不到知心朋友，发现人与人之间的隔膜；或因为各自缘由，感受到了友情的“易碎”……满满的少年心事，就像诉说愿望的绘马（绘马是日本人许愿的一种形式），在风中摇晃。我回了一些，该说的话其实都说过了。虽然具体事由不同，但烦恼是相似的，应对之道（是“道”而非“术”）也有共通之处。

先讲一个日常小故事吧：

有个小男孩，最喜欢恐龙。有一天，他一定要带一只三角龙去幼儿园。那只三角龙是他哭闹一番才迫使父母买来的，那是他的心头最爱。来到幼儿园，他拿出三角龙，摆在柜子上，眼巴巴地期待着同学们涌过来表示喜欢，他的脸上带着又骄傲又不安的笑。但是好一会儿，并没有一个同学对他的三角龙感兴趣，他就一个人寥落地站在那儿，脸上残留着不甘心的笑。终于有一个同学走过来，对依然尴尬站着的他说："这是你的三角龙吗？我很喜欢，可以给我玩一会儿吗？"他仿佛得救一般，欢快地答道："当然可以！"双手奉上恐龙，如同捧着一颗乐于分享的心。

那个向他走来的同学，就是他人生最初的朋友，是他最早的"社会关系"。也许那段短而脆薄的友谊只维持了小半天，但也是有意义的，因为小男孩从中体会到了一种被认可、被需要的感觉，这种感觉在父母师长那里是体验不到的。

从很小的时候开始，我们就有了对朋友的期待和渴望，就像小鸟刚啄破蛋壳探头探脑看世界，最先寻找的是同类。父母们总是疑惑，自己给孩子的爱已经足够多了，可孩子慢慢长大后却开始不想跟自己亲近了，心里话也不想吐露了，而且情绪也特别容易因为朋友关系的有无、多少、远近、亲疏、主动被动等而产生波动。

其实，成年人也会受人际关系困扰，也为友情而吟唱。耳熟能详的《朋友》歌曲，就有周华健的"朋友一生一起走"、谭咏麟的"彼此分担总不分我或你"、臧天朔的"如果你有新的彼岸请你离开我"……只不过与成年人"结构化"了的友情相比，少年期盼朋友之心更迫切，守护朋友之情更紧张，在并不稳定的人际关系里惴惴不安、小心翼翼、患得患失，更容易失去边界感，也更容易施加或受到伤害——哪怕是自以为是的伤害。在少年的世界里，友情还是一个粗胚，就像正在经历热融、冷却、打磨等环节的琉璃，"火里来、水里去"，处于初步成型的过程之中。

所以友情，的确是一件易碎品。

我的鼓励不外乎这些："有一位朋友叫兴趣"，共同的兴趣是令陌生人互相趋近的磁石；"给友谊一个支点"，我们无法想象两个话不投机的人会成为朋友；"美好的事都从尴尬开始"，主动的最坏结果是尴尬，被动的结果则是毫无悬念的错过；"朋友会在孤独时出现"，嘻嘻哈哈混作一堆的那种友情，不见得多珍贵……我还可以不断地建议，要找到好朋友，别害怕想象中的失败，要充满自信但又要懂得适当的示弱，要懂得朋友之间既不能有轻慢和过度迁就，但也要知道彼此其实并没有完全均等的情感交换，……

孤独与寻找是贯穿青春的主题。余华小说《在细雨中呼喊》写了“我”与苏宇苏杭两兄弟的来往，“我”很想加入看上去挺拉风的苏杭的朋友圈，但苏杭却视“我”如无物，有一次居然为了逗引同学而拿柳条鞭打“我”，“我”只能落荒而逃……可起初“我”并不留意的苏宇，因为相似的孤独感，与“我”在路边慢慢靠近，成为知心的朋友。

不必经由小说的提醒，我们也都知道，关于朋友有这么几点认识：

一是不要理想化。关于少年时觅得朋友的欣喜，我曾写过这样的诗句：“这是最初的秘密 / 来到世界第一次 / 从某个人的眼睛里 / 看见了我自己 / 仿佛清晨的空气 / 卷起 / 暖意 / 也让我紊乱了呼吸……”但事实上没有一个朋友是完美的，即便开头和结局都完美，过程也不一定完美。友情并非无坚不摧，可以冲破一切怀疑的迷雾，朋友之间也并不总是充满了温暖甚至滚烫灼人的话语，有时候反而会“越亲密越伤害”，不要上电视剧的当，以为几句解释就能换来一个冰释前嫌的拥抱，而这个拥抱又能融化不完美的一切，能对抗浑浊的全世界。不把朋友理想化，是为了避免对他人的苛责、对自己的伤害。

二是得顺其自然。班上似乎总有那么几个人缘特别好的男孩女孩，行为大胆洒脱，说话机智风趣，吸引了一堆人围着他（她），有点儿像苏杭。作为曾经的惨绿少年，我当年也试图加入，但并未成功。我那时候个子矮小，言语木讷，成绩再优秀，也挡不住内心时时窜出来的自卑感。我写过一篇《优等生的自卑》回忆当时情状，现在网上都能找到。不过，因为同样喜欢读小说，我与隔了好多排座位的同学却在不知不觉中靠近，成为持续至今的好友。我虽然说过找朋友可以“从尴尬开始”，但如果真的很尴尬，性格也不很合适，那实在没有必要勉强自己硬上。我们不必非得逼着自己去做那种勇于敲开陌生人门的“推销员”，要知道，“有些人注定要等待别人，有些人是注定要被人等的”。

三是不要失去自我。这一点尤其重要。我喜欢说友谊就是人与人之间的“情感交换”。情感不能交易，但可以交换，而且应该交换。“交换”这个词听上去有点儿庸俗，但却是一个事实。有人付出，有人感受到付出并且做出回馈，这是正常的友谊。交换不可能完全平等，不要把付出与回馈放在秤上锱铢必较，但这并不意味着双方情感分量的完全失衡。说得更白一点儿，你想让一段健康的友情得到建立、维护和发展，你也得拥有属于你自己值得分享的东西。低到尘埃里，换不来真友情。所以我总是劝急于找到朋友的少年，更重要的是让自己变得优秀起来。找到一个好朋友，是以完善自己为起点的。朋友未必是同路人，但肯定是在各自领域共同成长的人，人生路径可以不同，所获成就可以有大小，但朋友之间可持续的情谊一定要在共同上升的气流里得到滋润。无论有没有朋友，你需要做到的是，从每一桩事上，从每一位在你的世界路过的同学、熟人身上，令自己获得尽量多的成长。

其实每个孩子走出家门的时候，手里都捧着一只三角龙。那里有你自己极其珍视也愿意分享的东西，有你的兴趣点和兴奋点，有你的好奇心和想象力，有你的——自我。没错，你就是带着些许骄傲和不安的自我，带着与这个世界好好相处的简单渴望，去与世上另一个自我相遇的。如果有人向你走来，请与他分享你的兴趣和价值，如果暂时还没有人靠近你，也不必着急，先学着与自己好好相处。有朋友之前或之后，都努力让自己成为一个发光体。

所以别害怕，去长大！带上你的三角龙。

PART II 青春里漫长的一站

塞林说：

自以为洞悉人心，明察秋毫，结果就是计较太多，心事太重，很难让别人和自己拥有简单的快乐。

大多好感，不是毁于距离，而是毁于失去距离和没有分寸。

别不加分辨地轻信“五十步笑百步”这种话，“五十步”与“百步”还是有很大区别的。

你的无知无觉，造就了对方的没心没肺；

你的底线失守，助长了对方的肆无忌惮。

人不是为了取悦他人而活，不是为了别人的期待而活，而是要恪守自己的人生课题。

宁愿忏悔，不要后悔

曾经和一个人关系很好，后来因为发生了一些事情（事情不算严重），两人一直冷战，至今大约有半年了吧。我现在真的很想跟他和好如初，又怕他会对我冷言冷语，伤我自尊。况且目前他和一个很讨厌我的人关系貌似很好，我就又觉得自己何必在这时候低下头主动求他原谅。我好矛盾啊，究竟怎么做比较好？

我曾经半开玩笑地说过自己有这么一个所谓信条：“宁愿忏悔，不要后悔。”什么意思呢？要忏悔，往往意味着你做了什么也许是不该做的；会后悔，则表明你没去做某件其实是太应该做的事。有时候有些事，虽然做错了，但终究是有所行动，只要不至于造成太严重的后果，也比什么都不做要好。做对了，能收获自己期望中的结果；做错了，至少还能证明此路不通——我们在生活中犯下的大多“错误”远没有到需要“忏悔”的地步。

你曾经有个好朋友，现在互相不搭理了，这本来没有什么，来来往往的人群中，多的是擦肩而过的人。问题是你对这个人的这份情还放不下，现在仍纠结于是否有可能重归于好。那么，怎么办？人生境界有高有低，高者，“拿得起，放得下”，具大智大勇；次者，“拿不起，放得下”，能随遇而安；再次者，“拿得起，放不下”，至少还有一份执着；最糟糕的，就是心有所愿却又没有行动，心情在患得患失中备受煎熬。

你应该知道我的建议了吧？既然你在意他，放不下他，那就主动一回，解释或者致歉，又能如何？你把这么做可能的最坏结果想清楚，无非就是他不接受和解善意甚至还冷嘲热讽。万一出现这样的结果，我觉得对你而言也是好事一桩，因为从此以后你就可以释然了，可以放下了，这样的人不值得你这么一直惦记着，毕竟没有人真的求被虐，对吧？所以说，只要去做了，坏结果也是好结果，你何乐而不为呢？

想让友情持久不能“太聪明”

刚上高一的时候很喜欢写作。那时候认识了一个朋友，在我的影响下，久而久之，她也喜欢上了写作，早读时她会捧着作文书看。我问她“喜欢吗”，她说“不喜欢”，我说“那我喜欢”。我是喜欢偏美文写作的，但她的写作风格是那种朴素的，于是她就嘀咕着要回家看些优美的句子。高二时她表现得越来越喜欢写作了，她会跟我一起参加征文比赛，会问老师怎么写，看起来比我一个喜欢作文的人还要疯狂。但是她放弃过写作，又被老师给硬拉了回来，我不懂。

后来，我们谈话了。我说我受不了自己的朋友本来不喜欢的东西，后来受我的影响变得跟我一样喜欢。她说：“我在你之前就喜欢了。”我问：“可那次你为什么说不喜欢？”她说：“因为总感觉做不好，白费力。”我想，她根本就不懂什么叫作喜欢。我们正式绝交了。

后来，她看我就像仇人一样，我真的很讨厌这样，既然朋友做不了，同学也可以啊！一起倒垃圾的时候，我跟她说了，她抱怨我不懂她，说她写作文只为了高考得好分数。那时我只是附和着，后来才发现她说话都矛盾了。

很多人都说我无情，面对感情总是一笑而过，毫不在意。可我知道，自己一旦付出真感情就再也收不回来了。其实她已经不知不觉地进入了我的生命里，无法磨灭，可为何就在这个时刻，发生了这样一件事情，让我接受不了，从而选择再见。可我依然无法释怀。

好吧，我的确产生了“又可气又可笑”的感觉。不是小看你真实的心理烦恼，而是一方面慨叹女生们青春心境的别致和微妙，另一方面又为“春风无端惹人恼”感到可惜，一颗心既然如此玲珑聪明，为何要在这种事情上纠缠不休？

必须得有一点曲径通幽的本事，才能较为贴切地领会女生的心情。简单概括一下吧。你的烦恼如果换成内心独白大概是这样的：第一，“我不想你因为受我影响变得一样喜欢写作！”第二，“也不是啦，是……你既然喜欢那为何一开始不直接承认，后来反而比我更疯狂执着？”第三，“也不是啦，是……你一会儿又说之前就喜欢，一会儿又说想写好作文是为了高考，哪句话是真的？”第四，“也不是啦，是……我怎么被这样的事情牵着鼻子走，以至于我们两人不能心有灵犀，从朋友变成陌路？”

真的是有些拧巴。总之是心里有一种说不出的懊恼，千般烦恼丝，剪不断，理还乱，别是一番不爽的滋味在心头，对吧？这根由啊，可能就出在你太过“聪明”了，在一点蛛丝马迹里寻找破绽，从几句前言后语中发现矛盾，何苦呢？太聪明的人，自以为洞悉人心，自以为明察秋毫，结果就是计较太多，心事太重，很难让自己和别人拥有简单的快乐。

你们这弯弯绕绕的心理，本不是直男能懂得，能开解的。只能勉为其难，层层剖析并且开导一番。

第一，你的朋友因为你而喜欢上写作，这是多么美妙的事情啊！这个世界上，没有一种事业是可以独霸的，没有一项兴趣是只能谁独享的，如果有人受你影响也喜欢上你所喜欢的写作，那不但是写作的魅力，也是你的魅力所致。这也说明她在乎你，甚至有点倾慕你。你们不但是朋友，而且是同道，可以一起交流切磋，共同提高。

第二，至于她一开始说“不喜欢”，后来又说“喜欢”，又说为了高考……这真的一点也不重要。你相信吗？她很可能自己也说不清到底是喜欢还是不喜欢，是先喜欢还是后喜欢，是真喜欢还是假喜欢，也许是一开始缺乏自信，不敢说喜欢，受了鼓励以后变得有些喜欢了……有些事情，本来就不可能那么明确，而是像九曲江水一样，有顺湍，有回流，有浅滩，有深潭。“她根本就不懂什么叫作喜欢”，没错，那你能否帮她，让她的喜欢更明确，更自信？可你却因此与她“绝交”。

第三，你其实是在乎她的，因为感觉她不知不觉进入你的生命里，一份执念放不下。而她一定也是在乎你的，否则不会看你“就像仇人一样”。据我的揣测，她之所以这样与你的态度大有干系。你搞得她都不知道该不该喜欢写作了。恕我直言，在她喜欢写作这件事情上，你的反应太过度，也有些反常。你是不是在潜意识里有些担心她超过你，所以心存猜忌呢？我想你不是这么小气的人。你知道吗？朋友之间互相砥砺，你追我赶，暗暗（或明着）比拼，良性竞争，恰恰是一种还不错的学习生态啊。人最怕的是在寂寞中沉沦。所以我一直说一句话：拥有朋友一样的对手，或者对手一样的朋友，都是幸运的。为什么大师往往成群结队而来？因为他们共同营造了一个竞相发现和创造的“场”。孤星不明，群星璀璨。我真诚地希望你和她，还能是好朋友。

愿你没有玻璃心，而有一颗晶莹剔透的琉璃心。

没人能侮辱你的审美

上初中后，每天学习任务很重，我已经感觉有很大压力了。可有一天，我突然发现班里一个女生经常在背后说我穿得很老土什么的。几乎我每换一件衣服，她就要说一次，而且说得真的很过分，导致很多人对我的印象差了很多。这使我压力倍增，很影响我的心情，连带影响到我的学习。其实，很多同学都说她也并不怎么时尚。我已经是初三学生了，老师，面对这种情况该怎么办?

首先我要冒昧地说，初中学生真没必要太关心“土”还是“时尚”的问题。如果容许我下一个相对粗率的判断，那我要说大多数初中生其实都是有点“土”的。而恰恰是这点“土”显露了一个青春期孩子刚刚从懵懂中破土而出的质朴和清新气息。初中生太追求或太在意自己的穿着是否时尚，也许是没有必要的，何况费了心思也未必就能做到如何时尚。为了所谓时尚丢失了朴素的美，完全犯不着。只要穿得清爽、得体、大方、舒适，也就可以了。不少学生最不喜欢的是校服，因为往往有点“土”；但最爱的也是校服，因为穿校服至少没有那么多莫名其妙的烦恼。

对于同学的背后议论，是没有必要去计较的，一计较就容易“狗血”。

大家都正在发育，都有点儿土，何苦为难？再说了，古人曰“目之于色也，有同美焉”，但美学家也说过，“趣味无争辩”，美感有相对性，无法强求一律。没人能侮辱你的审美。别人说你老土，你也完全可以理解为她的眼光不行呀。事实上我还建议你可以这么想：她如此不厌其烦地来评判你的衣着，说明你在她心目中的地位还挺高的，她很在乎你呀。有时候自嘲也是一种美德。

另外，那位女生背后对你的议论，应该是别的同学告诉你的吧。既然你现在感到学习压力很大，那么不妨对传话的同学说，谢谢他（她）让你知情的好意，但你对于那些议论不感兴趣，你不想让负面信息干扰你的心神，增加你的压力。除了知情权外，人也应该拥有不知情权。信息的垃圾必然造就心情的垃圾，因为我们每个人的定力其实是有限的，所以心灵需要一道“防火墙”，还要有一个“回收站”。

我是美学博士，对审美问题略有研究，仅就“土”这个问题说点看法。你是学生，不必去跟风所谓潮流，所谓流行款、流行色都是人造的玩意儿，大家无非是从偶像那儿学点皮毛、看个热闹。如果你的穿着令别人在视觉上产生不适，很大可能是衣服不太合身，只要合身，不管多么朴素，都不会让人觉得土气。傣族的筒裙无论款式还是色彩都很单一，但看上去却很美，就像文章裁剪得体一样，令人愉悦。穿衣最忌像杂色拼盘，呈现出如王国维先生所说的那种“眩惑之美”。我听过著名服装设计师吴小燕的一个讲座，她从头到尾一直在强调的就是：“黑白灰，黑白灰，黑白灰！”这三种颜色无论怎么搭配都不会浑浊。如果不知道怎么穿衣搭配，你不妨就坚持“黑白灰”原则，省时省力，还不“土”。当然啦，一个人土不土，关键还是看气质和内涵。朱光潜曾极力赞美《诗经》中的“巧笑倩兮，美目盼兮”，认为这是把一个人的静态美动态化了，散发出一种令人心动的韵味。你们尚未成年，不必追求“化美为媚”，但要知道，一个人的美真的不是服饰和皮相所能决定的，而是来自身体的姿态控制和整体的气质涵养。我说得更直白一点，任何女生，只要她不是佝偻着背，无论坐、站还是走都能直起腰、挺起脖，就一定是美的！

别被莫名的亏欠感绑架了

怎样的朋友才算是真的朋友？我闺蜜说我人缘太好了，身边朋友很多，说我不在乎她，还用了很过分的词语说我，在别人那里说我各种坏话。现在不在一个班了，相处时间也少，她觉得我没有那么在乎她了。我很烦恼，我不知道该不该继续同她交心，整个人都不好了。

我想，你的闺蜜之所以有所不满，是因为她觉得她在乎你的程度超过你在乎她的。你朋友多，匀给她的注意力可能就少一点，对她的回应可能就怠慢一点，你自己没什么感觉，但她接收到的信号是负面的，于是心生怨望，难免腹诽。你知道吗？朋友之间也是有着颇为微妙的占有欲的。

你闺蜜到处说你坏话的行为表明，她其实已经不能算是你真正的朋友了。我曾经以为，朋友之间，无论言语怎么刻薄，抱怨的那个人仍然是弱势的一方，因为她是更在意的一方，是抱着期望而难免失望的一方。我还打过一个不太恰当的比喻：皇帝是不会抱怨妃子的，抱怨的永远是那些未得雨露均沾的嫔妃们。但是后来我的想法慢慢改变了，我意识到，抱怨者往往只是在“站位”上选择了弱势的“被抛弃者”“被冷落者”，其实却是施压者、攻击者，而且她很容易让另一方产生没来由的道义上的亏欠感和负罪感，进而利用这种亏欠感和负罪感，实施对对方的情绪控制，满足自己的占有欲。

也有像你闺蜜一样的中学生写信来，表达过相对弱势那一方的不满。我对她的劝告是：没有完全对等的情感交换。至于你这一方，恐怕得先问一下自己，是不是真的如她所说“没有那么在乎她”？如果还在乎，就让她感受到，她会很乐意继续当你的闺蜜。确认是否还在乎的办法很简单，就是试着原谅她到处讲你坏话的行为，原谅达成之后，你是感到心里妥帖温暖，还是憋屈得慌？前者，还在乎；后者，不在乎。如果不在乎了，那也让她感受到，并且让她清晰地认识到，不是别的，正是她在别人那里说的各种过分的话，使你们再也做不回朋友。

不要被别人制造出来的亏欠感绑架了，生而为人，你本就不欠谁的。合则聚，不合则散，朋友之道也。

正视嫉妒，让它激发你的潜能

我有个朋友，以前我们经常玩得很愉快，我很羡慕她，羡慕她成绩好，人缘好，然后慢慢忍不住嫉妒，后来甚至有些排斥。

即使知道这样会破坏我们的感情，但我每次一想到她的优秀就很自卑、难过，觉得自己真的比不上她。我该怎么办？

嫉妒这种心理状态非常古老，非常顽固。在各式各样的群体中，嫉妒都有可能普遍存在，只不过不同的人有着程度和表现上的差异。而且，嫉妒心显得很“公平”，即便对拥有财富、才华、美貌的人来说，同样可能经受嫉妒的煎熬。不要说历史上一些功成名就的人会嫉妒（如沈括、宋之问等），甚至地位至尊的皇帝也会嫉妒（如杀掉薛道衡的隋炀帝）。有的心理学家说嫉妒源于爱的缺失，存在感弱、常常被忽略的人容易嫉妒，在统计学意义上可能确实如此，但就个体而言，哪怕集万千宠爱于一身的人也可能对嫉妒心没有免疫力。《红楼梦》中，贾宝玉几乎是整个大观园的中心，但当他看到龄官冒着雨在地上写“蔷”字（钟情于地位身份远不如他的贾蔷），而后来又不愿亲近自己的时候，还是感到了怅然若失——一种轻微的无害的嫉妒感悄然滋生。

对于嫉妒，有的人能够成功地加以掩饰，有的人能够有效地予以抑制，还有的人可以将之转化为一种提升自我不断前进的正向动力。

你能够正视自己的嫉妒，并且不喜欢这样的心理状态，这很好，是自我提升和心灵成长的第一步。让我们先来弄明白嫉妒究竟是怎么一回事。

嫉妒是愚蠢的。愚蠢主要表现在，无论损人还是不损人，都不利己。因为自觉不如某人，就对其中伤、排斥、孤立甚至施以更过分的伤害，那当然不好；因为自觉不如某人，在心里进行着疯狂的自我折磨，饱受如同炼狱毒火般的烤炙，成为一个“屋里憋屈型”的人，那也是不智。

但嫉妒又是有可能让人变得明智的。换句话说，我们应该从嫉妒的情绪中学会接纳自己。记得漫画家夏达在《哥斯拉》里表达过少女有一天突然领悟到“原来，不是人人都爱我……”这一点，正如人见人爱的贾宝玉有一天突然发现，原来世界并不真的是围着自己转的，原来别人自有他们的过人之处，贾蔷拥有他根本无法去参与的龄官的爱情。接纳自己，不仅仅意味着接纳自己够好的部分，还意味着承认别人的优秀，悦纳自己不足的部分。是嫉妒感的提醒，让我们懂得，每个人（包括自己）都是“独一份的”，都有自己的美餐，自己的骄傲，也有自己的“不能”。都说嫉妒感是从比较中产生的，而人与人之间的比较既然不可避免，那我们为什么不能如此转一念：凭什么在比较中更优秀的那个人必须是自己？所以说，正视嫉妒，与这种不喜欢的感觉共处，承认它是自己人性中阴暗的一部分，并且在这种偏负面的情感体验中领悟到更多积极和正面的东西。要知道，有的消极情感体验更能催人成长，就像《苔》这首歌里唱的：“如果没有那次眼泪灌溉，也许还是个懵懂小孩。”

嫉妒是狭隘的。嫉妒这种心理最容易在同学同事、朋友熟人之间发生。我再穷，不可能去嫉妒马云、马化腾；我再难看，不可能去嫉妒鹿晗、王一博；我再没有才华，也不会去嫉妒李白、苏东坡。我们只嫉妒身边的人，而且只嫉妒身边可能还“够得着”的人。如果身边的人优秀到了“一骑绝尘”的地步，你除了飞扬的尘土，连其“项背”也“望”不上了，你还会嫉妒吗？一般情况都不会了，反而在那儿望空膜拜，尊之为“学霸”，敬之为“大神”，视之为“偶像”，然后自视为小粉丝，要“与有荣焉”，分享一点与之相识相交的荣耀了吧。所以，产生嫉妒心的真实根源并不是别人有多么优秀，而是“够得着，却够不到”，是吃不到眼前的葡萄，才说葡萄酸。

但嫉妒又是可以让人向上的。因为“不服”“不忿”“不甘”等情绪而激发起奋进之心，我们称之为励志。从本质上说，“不服”等情绪与“嫉妒”心理是一样的，只不过前者转化成了自身不断努力进取的正能量，而后者往往堕入损人又伤己的泥潭。我们常说人不要跟别人比，要跟自己比，就像《小欢喜》里黄磊演的方父说，学习上不要“横着看”，要“竖着看”。但其实谁都知道这是很难的，置身于一个相对封闭的学习共同体内，互相竞争不但是不可避免的，拥有竞胜之心甚至是必须的，是学习的重要动力之源。所以，要么佛系，享受“坐在路边鼓掌”的心情，要么干脆把嫉妒心理转化成追逐和竞胜的念头。当然这种竞争未必是狭隘的与他人进行学业考试分数比拼，而是努力让自己的兴趣、能力和特长得到充分发挥，成为“最好的自己”。毕竟，学习是多元的，成长是立体的。你要感谢她的优秀，因为她的优秀会引领你、激发你。所以一定要让自己的身边有优秀的朋友，与之结伴同行，与之砥砺前行，这样你自己才会变得优秀。这也是我一直说的，优秀的人、卓越的人为什么往往成群结队而来的缘由。著名经济学家周其仁在某个论坛上说过的一句话给我留下了深刻印象。他说，如果你想受到优秀者的正面影响，三个字：“靠近他!”

总之，嫉妒本身是不好的心理，但它是普遍存在的，算是人性的一部分，我们首先要正视它，就像正视存活于我们体内的一公斤细菌一样，我们只能与之共生，“带菌生存”。但我们需要料理好、照管好自己偶尔冒出来的嫉妒，或者说要“驯化”它，不要让它伤害别人，反噬自己。其中很重要的一点，就是要通过体会嫉妒这种情绪，学会全面地接纳自己，认领自己不够好的部分，同时懂得欣赏别人的优秀，相信每个人都有属于自己的“美餐”，进而把嫉妒转化为积极学习的动力，找到自己的价值支撑，在更优秀的朋友的引领和激发之下，努力成为“最好的自己”。

分享吃的就是一场小型社交

进入高中，感觉学习压力好大。人际关系也很复杂，总有一些人，当你和她分享什么吃的的时候，她不吃也要，然后转身拿给别人，用你的东西去做好事。不喜欢这样的人，可怎么和她说呢？又不想伤害感情，怎么办？

你留名“心比人老”，看你描述的这个场景和心情，真的是“心比人老”吗？估计你长大后回头看，会觉得当年的自己挺好玩吧。

你知道请客时最尴尬的情形是什么吗？是菜做好了，但客人却没有来。客人来了，最窘迫的情形又是什么呢？是他们压根儿不想动筷子。

同学之间分享吃的的时候也是一样的，你拿出了好吃的，却没一个人响应，你说是不是很无趣？理由不外乎两个：东西不好吃，或者，你的东西不想吃。要么食物有问题，要么人缘有问题。

分享吃的东西，其实是一个小型的社交活动。独乐乐不如众乐乐，分享的与其说是食物，不如说是一份心情，是一片热情，是一种氛围。分享本身比吃更令人愉悦。即便不吃，拿上一两块，又转给别人，快乐的味道就在“食物链”之间得到传递，得到扩散，不亦乐乎！

说实话，今天谁会缺一点吃的呢，谁会稀罕一点吃的呢？而她显出

“稀罕”的样子，那是凑趣，是捧场，“用你的东西去做好事”，你乐得大方一些，慷慨一些呀！

也许她的内心旁白是这样的：“这东西糖分太高，吃了怕发胖……嗯，但不拿好像也太不给朋友面子了，这样，拿一块给××吧！”

人与人之间的很多事情，可以简单，也可以复杂。如果复杂的代价是增添了烦恼，那还不如简单一点。同学朋友之间，尽量少用恶意揣度，多从善意理解。这样，就会少一些可气可笑的事了，别人是可喜的，自己也是可爱的。

请保持“原版”的自信

我有一个好朋友，是初一第一学期刚开学时认识的。一开始我觉得她很活泼，非常适合做朋友。后来和她在一起，发现她总是模仿我，模仿我的穿衣风格，我听什么歌她也听什么歌，就连口头禅都要和我的一样。我觉得她简直就是镜子中的自己。我变得越来越不像以前的那个自己，越来越小心眼，脾气暴躁。大家都喜欢她，不喜欢我了……我该怎么办？我觉得自己要崩溃了。

模仿是人的天性，一群年轻人在一起，势必会互相模仿。亚里士多德说过，学习就是模仿。你的好朋友一直在模仿你，说明你身上有值得别人学习的东西，说明你的审美眼光不错，你的接受能力很好。你本该为此骄傲，但你感受到的却是烦躁。为什么？我觉得主要原因在于你不够自信。举个不太恰当的例子吧：甲拥有一个正宗名牌货，而乙拥有的则是几乎一模一样的超A货，甲如果足够自信，就不会为此而郁闷，急吼吼地向别人解释自己的如何正宗而别人的如何山寨，更不至于认为模仿者的存在贬损了自己的价值。你应该保持“原版”的自信。

朋友模仿你，并没有从你身上窃取什么宝贝，你事实上毫无所损，反倒能获得被追随的尊荣感。你在前面走，她在后面跟，你自己每天在变化，不会一直处于自我模仿中，你其实是“常新”的，始终能领先一步，而模仿者总要慢个半拍一拍。我并不是说你要刻意求变，变得不像以前的自己，而是说只要你确实有着较好的学习能力，那你就得相信自己是一天天在不断成长和成熟的。什么穿衣风格、流行歌、口头禅之类，不过是在你生命中偶尔飘过的浮云，把这类皮毛东西当成自己的个性标签，未免太舍本求末了；如果还因此产生了被盗用被模仿的烦恼，那就更加得不偿失了。

我发现你似乎在“好朋友模仿你”与“同学不喜欢你”之间建立起了因果关系。这样的因果关系完全是虚假的，正如你不能认为太阳是公鸡叫出来的一样。因为她模仿你，同学就喜欢她而不喜欢你了？你的同学有这么幼稚吗？再说了，我怀疑你不被人喜欢也只是一个完全主观的臆断，其实根本没这回事，你可能只是在好朋友颇出风头时感到了一点小失落，失去了一点存在感，如此而已。如果你理解的“喜欢”是大家都围着你转、目光都被你吸引的话，那么品尝到不被喜欢的滋味就是一种必然。话说回来，一个人是否招人喜欢，与其个性的可爱程度直接相关，如待人是否真诚，懂不懂得分享，有没有包容之心，能否让别人感觉轻松愉快……我想，如果你真的在乎自己是否受人喜爱，那么就别再跟好友模仿你这种事较劲了，钻牛角尖除了让自己痛苦外毫无意义。你应该想想怎样让自己成为一个专注于学业又有不俗的兴趣爱好，在保持自己风格的同时又懂得尊重他人，视野和心胸都很开阔的超级自信的“原版”。这个“原版”是你独一无二的自我。

我们其实都是模仿者

我特别不喜欢别人模仿我。不论是穿衣风格还是发型，或者谈吐、行为举止各个方面，我都不希望身边的人模仿我。你说是我太小心眼了吗？感觉别人像我就不能体现我自己。不过我也知道我不能因为怕别人模仿就封闭自己。塞林老师，您说我该怎么办？

还是一个关于“模仿”的问题，看来被此问题困扰的人还不少呢。

首先，被模仿是一种荣耀，而不应成为苦恼。被模仿，表明了别人对你的审美品位和个性特质的肯定，你应该享受被模仿、被追慕的感觉。要知道多少所谓的明星大咖，其形象顾问、服装设计师、发型师之类的团队，费尽心机琢磨的就是怎样让别人来模仿跟风，领一时之风骚，占热搜和头条。

其次，你要知道，模仿毕竟只是模仿，即使看上去你跟模仿者一样了，显不出你独特的个性，但你既然是开风气之先者，那也不会满足于一款一式吧？你其实也会改变的。等到大家风格都趋同了，你已经又走在前面了，模仿者永远都慢半拍。

最后想说的更重要的，那就是我感觉你不但对被模仿这件事有点过于关注了，而且对穿衣风格、发型、谈吐之类也未免太在意了吧！我这么说可能会被你鄙视，但还是说了吧，我觉得中学生的穿衣、发型最适合一种风格，那就是“清水出芙蓉，天然去雕饰”，根本不需要刻意设计和经营，更不必去计较模仿不模仿。我们不需要“人设”，不是时尚“魔头”，也无须卖弄“酷拽”。当然，我也不想当刻板的政教主任，我理解并支持年轻人追求独特个性的想法，但是随意适性便好，不可用力过猛，如果滋生烦恼就更不值得了。

如今是“生活在模仿表演”，从一定程度上说，我们其实都是模仿者，既然如此，就让我们都淡定一些吧。

你的无名火，灼伤了最珍视的人

进入高二后，心里经常很郁闷，因为分班的事。

当初，她跟我选的课是一样的，都是政治、历史、地理，我俩想分到一个班。但这样选课的班级，学校开了两个，最终，我们不在一个班上。

开学之初那几天，我感觉受到的打击很大。她来找过我，但是我不想见她，没有回应她。几次之后，她就不来了。现在，我们疏远了，路上偶遇她，我也是躲开。

我感觉一切都是我的胆小导致的。一想到我们没能在一个班，我很难受，写作业的时候经常走神。我也试着交往新朋友，但感觉还是老样子。求帮助。

读到你的来信，我有一个直接的感触，那就是你好像把一股莫名其妙的怨气，撒在了你挺在乎的那个人身上，把她推拒得越来越远，然后你又开始自怨自艾。整个故事没有“撒狗粮”的美好，却散发出“洒狗血”的味道。

你与她没有分在一个班上，这其中的责任者是谁？说不清楚，或者说压根儿没有责任者。从理性上你知道没有人可以责怪（跟你说的自己“胆小”也没啥关系，胆大又如何？你跟老师提出要跟她同班？你看老师答不答应），除非去跟“概率”较劲。但你心里却憋着一股无名火，这股火最终烧向了你其实很珍视的她，也灼伤了你自己。

“怨气”这个东西，是人性中最为丑陋的一部分。怨气满满的人，一般不敢直面现实，也不积极寻求解决之道，却总爱把自己当成全世界最大的受害者，放任“受害者心理”不断发酵，从而让腐蚀性极强的负能量毁掉自己以及身边的一切。

你要解决好自己情绪上的问题，首先应清楚“边界感”的概念。人与人之间相处是要有边界的，即使对于亲密关系人（比如你的那位“她”），你也要明白，你是你，她是她，你没有权利无端地把自己的怨气发泄到她的头上，即便是她主动选择不与你同班，你也要尊重她的意愿，而不是用一种带着敌意的态度去“作天作地”。更何况她也想与你同班，只是天不遂人愿而已。说白了，她不应该也不需要为你的不良情绪付出代价。

你可能会说：我并没有失去边界感而把怨气撒到她头上呀？其实撒怨气的表现是不同的。有人是控制欲强，粗暴介入，死缠烂打，生拉硬拽，“拿不起”却还偏偏特别“放不下”，很多自以为特别执着深情、很“爱”对方的人就是这样的，所幸你不是这种纠缠不清的人；有人则是对亲密关系人冷漠以对，仿佛要让对方觉得她身上背负着什么不可原谅的过错或者“原罪”，就像你表现的那样：她来找你，你没有回应，路上遇见，你也躲开，你什么也没说，却让她感觉自己有错——就像我曾说过的，你是不自觉地在让她产生一种莫名的亏欠感。

在整个过程中，你可能从来没有“听”到过她的内心独白。她最初来找你，应该是想表明，虽然你们不在一个班了，但内心依然是感觉亲密的，依然是可以彼此珍视的。但是你那种拒绝和疏远的态度必定让她感到心寒。她会觉得，一次分班就让你变得这样冷淡，可见你对情境变化缺乏承受力，对他人缺乏包容心，你还一直把自己困在负面情绪里，可见也缺乏自我解脱的能力。对于分班这件事，她本来就没有什么好解释的，她也从来没有欠你半分，但你的表现却让她惶然不安，倘若以后两人相处的模式更紧密，面临的情境变化更复杂，不知你还会变成啥样呢？不会理性归因，不会接受现实，不会理解包容，不会自我解脱……只会沉浸在类似“反正我不爽，就是你的错；哪怕你没错，我依然不爽”这种情绪里难以自拔，既然如此，那又何必保持亲密？不如做个陌生人。

同学，我说的话可能有点刺耳，那是希望能把你从深陷其中的莫名困境中一把拽出来！你真的是在用丝丝缕缕的怨气作茧自缚。没分在一个班，这是什么消化不了的“梗”？算什么跨不过去的“坎”？人与人之间恰恰因为保持了适当的距离，才能获得更好的审美感觉。大多好感，不是毁于距离，而是毁于失去距离和没有分寸。我替你那位无辜的“她”感到委屈，更为作茧自缚的你感到心疼啊！但是，事已至此，那就往前走吧！

青春年少，男女之间滋生出互相欣赏、彼此依恋的情愫是正常的，也是美好的，而这份美好中有甜蜜，也会有酸涩。你会因为喜欢上谁，而爱上整个世界。会因为喜欢上的人对你有所回应，而“发现”自己、爱上自己。会因为在相处中有了彼此的期望，而努力让自己变得更好，更值得那双眼睛的青睐、那份心情的眷顾，就像临水照花，粲然一笑，天地与我默契。而你们之间的喜欢，如果因为种种缘故而变成了“曾经”，那也请不要久久地滞留原地，她往前走了，你也不必再停留，毕竟你们都只是“路过”。有过“曾经”也挺好的，如果那点经历让你领略过美妙的知己感，体会过自我的骄傲感，也懂得了人际的边界感，获得了调整情绪的力量感，那就说明你身体和心智的成长正在发生！

所以，请往前走吧！

心里可有悲鸣:“如果我是她呢?”

我今年高一。我们班上有个胖胖的女生，刚开学没多久大家就非说她身上“有毒”，不愿靠近她，不愿挨着她。课间大家在走廊遇到她，会一窝蜂地挤在一起，满脸都是嫌弃，嘴里还会发出“噫——”的声音。那个胖胖的女生就会面无表情站在原处，一声不吭地走回座位。

其实，我对她是不反感的，但我害怕被大家讨厌，也避免了和她接触，看起来就像也不喜欢她一样。我知道这样不好，但也不知道怎么才能改变这种局面。

读到你的信，我脑海中瞬间跳出来一个句子，是学者刘瑜在《送你一颗子弹》这本书里写的:“人道主义的起点在于一个人面对另一个受苦的人并且心里‘咯噔’一声:如果我是他呢?”

一个胖胖的女生，被同学们以一种几乎毫不掩饰的方式孤立和嫌弃着。她表面上看起来没有表情，也一声不吭，但可以想象她内心卷起的风暴有多么狂烈。在她之外，那么多人聚集在一起，用躲避她的姿态和满脸的嫌弃表达“我们都正常，我们都很好”的感觉，并且因为融合于一个更“主流”更“大流”的群体中而心生安全感、力量感，甚至还有一丝自我优越感。在群体的掩护下，连公然的歧视都可以变得如此心安理得。用今天的眼光来看，这其实就是一种校园霸凌行为。

可是，“如果我是她呢”？

你内心对这种状况有着隐隐的不安，为自己只能装作不喜欢那位女生而纠结，并且试图寻找一个解决的办法——这让我感到温暖，因为你的不安和纠结里有着宝贵的善良，你拥有理解他人境遇的最基本也最难得的共情能力。

我并不打算对你的同学们进行道德上的指责，因为群体中的人确实很难有独立的思考、判断和行动，成人也很容易被一种“集体无意识”控制，何况你们还只是一群中学生呢。法国社会学家勒庞在《乌合之众》一书中说，人一到群体中，智商就严重降低，为了获得认同，个体愿意抛弃是非，用智慧去换取归属感。从某种角度看，同学们的举动是可以理解的。他们并不可恶，只是很容易随大流，就像美国作家李普曼说的，大伙儿不过是剧场后排的“聋哑观众”，其实并不清楚前面发生了什么，但有点儿事就跟着瞎起哄，特别来劲——像极了中国古代一些有识者所说的“矮人观场”，看不见台上演什么，别人喝彩就喝彩，别人叫骂就叫骂，如此而已。在社会心理学上，这又称作“羊群效应”或“羊群心态”。这是人性的弱点，是可以理解但需要努力克服的弱点。

一个女生因为胖，就被人说是“有毒”，这是个什么情况？大概不知哪位同学看了或听了什么伪科学的胡诌，说长得胖是因为身体“有毒”，于是大家都如“矮人观场”人云亦云。要说“有毒”，每个人都“有毒”好吗？著名传染病学家李兰娟院士说，每个人肠道里都有一公斤的细菌，它们反倒能提高人的免疫力，吸收和解除身体毒素呢！说胖女生“有毒”，然后避之唯恐不及，还做作地发出“噫——”这样的声音，不仅仅是没有教养，同时也是无知的表现；不但缺乏追求美善的人文情怀，也缺乏最基本的科学素养。

你想改变同学们集体孤立和嫌弃一位胖同学的丑陋局面，也想让自己摆脱不得不从众随大流的别扭心理，这真的值得赞美。我不想笼统地劝你做一个内心强大、不随流俗的人，毕竟被一个群体疏离是需要付出心理代价的。但既然眼前发生的一切让你受到了困扰，我觉得你还是可以走出小小的一步。

别不加分辨地轻信“五十步笑百步”这种话，我一直认为，“五十步”与“百步”还是有着很大区别的！

比如，当别人一窝蜂地往一旁挤时，你可以轻微地表示拒绝，至少不要也像见了鬼似的发出怪声。

比如，你可以貌似带点疑惑地对大家说：“要说有毒，我们每个人都是有毒的呀！”轻轻的一句话，也许就可以把智性的泉水从一个小缝隙里渗透进听者的心里——你的同学们或许会从这句话里反观到自己的做作、自己的可笑。

人皆有一个肉身凡胎，谁敢说自己就那么完美？人皆有一颗善良的心灵，谁敢说自己就那么高贵？人皆有缺陷且置身于一个群体之中，谁敢说自己就从不自卑？

我一直认为，缺陷乃是存在的真相，正如史铁生所说，只要人的愿望与现实之间有差距，那就没有什么完美，“人所不能者，即是限制，即是残疾”。如果那个人的胖是缺陷，那么这个人的矮也会成为缺陷；如果那个人的愚笨是缺陷，那么这个人的脱发也是缺陷……凭什么“那个人”总是别人，而“这个人”却不可能是我？

参差多态，万物自在。青春路遥，各有美好。尊重每个生命，何尝不是善待自己？人文主义或人道主义的情怀，恰在这里滋长。面对眼前被侮辱的女生，你需要在内心里发出那“咯噔”一声：

如果我是她呢？

坚强直面校园欺凌

前段时间我和一个朋友吵架了，然后她向我道歉，但我没理她，就此我们冷战了。可我万万没想到的是，悲剧从此开始。我会无缘无故收到一些纸条，上面写满了侮辱我的话。原本以为只是某人偶尔恶作剧，没想到收到的纸条越来越多，我当时真的感到很无助。我猜想是她所为，但不敢肯定。后来，一些同学常去的贴吧里，也有不少说我坏话的帖子。很多人都说那些帖子是她写的，但我不愿意相信。那段时间我老是哭，因为那些话已经超出了我的承受范围。别的朋友都叫我不要管它，只要做好自己就行了。我也是这样想的，但依旧不能释怀。

我发现其他好朋友也开始疏远我、不关心我了，只顾着自己开心，我想她们是不想受到牵连。因为纸条上说了，只要和我好的人，都不会有好下场。我也不想她们受到伤害，只能自己默默承受。直到有一天，一张纸条上出现了她的名字，我才确认，原来真的是她。她还找了一些人想来教训我，理由是她第一次这么低声下气地跟别人道歉，我竟然不接受。她要我向她道歉，不然就打我。我没有屈服，因为不怕被打，因为觉得生命都已经不重要了。虽然目前还有一个女生和我在一起，但我们的力量太微薄了。

为什么她要这样对我？我到底做错了什么？就因为她第一次这么低声下气吗？那我受的侮辱算什么，难道我受的伤害比她小吗？为什么我要付出这么大的代价？我真的犯了很大的错误吗？可我当时只是想一个人静一静，所以才没有回应她的道歉。我现在看每个人都抱着一种怀疑的态度。身边自认为很重要的朋友都不喜欢我，我看透他们了，不再相信他们。为什么人心就这么难以琢磨呢？我不知道该怎么在校园里生存，您能帮帮我吗？

如果你那个前朋友只是跟你闹闹别扭，因为你没接受她的道歉而自感丢了面子，于是偶尔写张纸条来发泄情绪，那我会建议你与之和解。因为校园里毕竟没有什么大奸大恶之人，发生一时的意气之争无非是彼此认知上存在误区，通过良好的沟通应该能尽释前嫌。和解毕竟是永恒的主题。

但是通过你的叙述，我觉得那位通过纸条和网络对你进行持续性的、公开的言语攻击并且还发出了人身威胁的女生，她的所作所为已经远远超出了朋友同学之间闹别扭、争闲气的程度，可以这么说，她实施的就是一种校园霸凌，即依仗自己的强势甚至霸道对他人进行欺凌和攻击。尽管她可能以为自己只是在索取一个道歉，只是在赎回一点自尊，但实际上她骄横、偏执的言行与她自认的动机是完全不对等的，是严重失当的，到目前为止，已经对你构成了真实的心理伤害，使你在校园里备受孤立和煎熬，学习生活受到巨大困扰。

所以我郑重建议，请收集侮辱你的纸条和网上的帖子作为物证，如果可能，找几位知悉你受到威胁的同学作为证人，一起找到班主任老师寻求帮助。我想任何一位称职的老师都不会放任不管的。因为正如芭芭拉·科卢梭在《如何应对校园欺凌》一书中开篇写的那样："欺凌是一个生死攸关的问题。它给孩子造成了极大的伤害，而我们常常对其掉以轻心。我们成年人不可以再继续轻视、不予理睬或否认这种伤害的存在了。"

在积极争取老师（也许还会包括家长）介入调查和调解的过程中，也希望你能保持一种坚强的心态来面对自己的困境。哪怕一时之间境遇未能得到迅速改观，比如同学还是有意无意地疏远你，曾经的朋友也不见得都会回来，那你也必须相信，只要你自己是美好的，美好的人必定会向你靠近。你知道挫折或困境最大的价值在哪里吗？就在于它能让你审视或反观自我，让你察觉到自己的软弱和缺点，也让你意识到自己的强度和韧性，从而令你获得真正的心灵成长。所以，别因此而摆出怀疑一切、看透一切的姿态了，看透什么呀，漫漫人生路上，各种风景，且有你看的呢！更不要说什么“生命都已经不重要了”这种傻话，怎么不重要啊？太重要了，万分重要，无比重要。千万别用自己最宝贵的东西去赌气。

还想再说几句话。

关于如何面对校园欺凌，我们常常听到两种声音，一种是“认尿保平安”，一种是“善良有锋芒”。前者也颇有市场，但我很不赞成。认尿只会让欺凌者得寸进尺，无所忌惮，根本保不了平安。唯有勇敢地挺身而出才是解决问题之道。要善良，但绝不做一只被撕碎吃掉的小兔子。

但在对抗欺凌时，我希望你们能把握好一个安全至上的“行车原则”。

什么是“行车原则”呢？行车时，摆在首位的是不让自己和他人处于危险之中。无论其他车辆是否违章违规，我们都要尽可能避免碰撞或翻车。比如有车闯红灯要撞到你的车，你不能因为自己是绿灯就不躲闪、不刹车。也就是说，避免冲突，或者当冲突无法避免时，不让冲突升级酿成严重后果，是你们在第一现场、第一时间需要做出的正确选择。如果觉得这种选择就是“认尿”的话，那就认吧。

而在一个人真的被逼到墙角时，或者狭路相逢时，当然要反抗，当然要挺身而出，绝不畏惧退缩，这是根据具体情境做出的选择。我提出“行车原则”，更多的是指一种在力量不对等情况下的规避、求助、自救策略，此后我们要有积极的抗争、投诉、追责、追偿，绝不含糊，绝不姑息。不怕威胁，果断举报，敢于作证，这难道不是一种勇敢吗？

最后弱弱地问一句：如果她现在向你道歉，你会接受吗？

别急着回答。答案，在等着你长大。

穿越生命中的湍流区

现在经常有新闻讨论校园暴力的事。看到这样的新闻，我就想起自己在初中时候被同学校园暴力——主要是无端被排挤、嘲笑，被当作另类对待。前段时间，带头排挤我的那个同学在网上找我道歉。虽然已经离开初中两年了，在高中里我和同学处得都很好，但是无端被翻出这样的伤疤，我不知道该怎么处理。

我一直说青少年时期尤其是初中阶段，是一个人生命中的湍流区，在他内心深处，在他置身其中的环境里，经常乱流翻滚，暗潮涌动。心理学家习惯称之为“疾风骤雨”期。

不少人在中学尤其是初中都经历过校园暴力，或轻或重，或显或隐，有的是施加的一方，有的是承受的一方，有的是先被欺凌然后又欺凌别人。以前大家对校园暴力尤其是隐性暴力注意不够，如今敏感性都增强了。你曾经被排挤、被嘲笑、被孤立的那些事，就是校园暴力的一种常见形式。

对待校园暴力的态度，唯有勇敢直面。依附顺从或委曲求全都只会招致更严重的后果。你从初中的那个湍流区闯了出来，进入高中后建立起了相对平静和谐的人际关系，这就是一种成长。

你的困扰是当年的同学找你道歉，让你想起不堪回首的往事，感觉再一次受了伤。这种心情可以理解，因为我也有同样的经历。前些年初中同学微信群刚建起来，大家都在热情地打招呼，互道别后情形，突然冒出一个同学，嘻嘻哈哈地“问候”我，大意是：你当初在班里个子最小，我经常欺负你的，记得吗？哈哈哈！说实话，看到这几句话的一瞬间，我的心里一沉。久远的往事早已被岁月的尘埃覆盖，如果不是他的“提醒”，我完全忘了还有这么一出。我使劲地想，只能朦朦胧胧地想起他是个圆脸胖子，块头很大，成绩很差，有时候会来摁我的头……可能我自己也是个处在湍流区的孩子，而且我本来就懵懵懂懂，痛点比较高，当年似乎浑不在意。而他在微信里提起这些，并无道歉的意思，我也没有再去追究，只有一瞬间的“不爽”：原来我还这样被人欺负过。随后我便完全放下了。在我的认知里，这个同学并无什么主观恶意，当年是手有点欠，如今是嘴有点贱，如此而已。既然事如旧梦了无痕，我又何必执着于已回不去的过去，去计较已无法计较的前事。

这就是我的态度，如果一种伤害还在持续，如果伤害的后果至今仍在呈现，那你就大胆地去追诉，去打开心灵痼疾的因果之锁，绝不姑息；如果往事已如云烟，也没有在你今天的人际相处中投下阴影，那么不妨把一些人、一些事看成挫折教育的一部分，是能让你拥有更强的心理弹性和韧性的人生体验的一部分，是青春修炼或成长的一部分，毕竟没有人是可以在温室里长大的。所以我的态度是宽容，是放下，用今天已经俗滥的话来说，就是尽可能地与往事干杯，与自己和解。

那位同学主动在网上找你道歉，这是因为对于曾经做过的“坏事”，他这个施暴者比你这个受害者更加难以释怀。人活天地之间，最难得的是问心无愧。只要不是大奸大恶的不赦之徒，做了不好的事情，终究会觉得心有所亏欠。所以过去那几年，他的良心应该也是受折磨的吧。如今他找你表达悔意，既是他的自我觉醒，也是他的自我疗愈，我觉得你不如选择成全。

你会因为他翻出旧事而产生心理波动，这种反应总体上是正面的，就像一个疖子挤破了，会有点疼痛。你知道吗？一个孩子挨了批评，他最初很可能是一直忍着不哭的，但是你一旦安慰他几句，他反而会委屈感上涌，号啕大哭起来。这样的哭意味很复杂，但它根子里是一种以安全感为基础地敞开自己的姿态，是在亲密关系中袒露自己的脆弱，是在表达最深层的理解与和解的需求。这也是为什么很多成年人在经受生活无数的暴捶时都能坚强面对，但来自亲人的一句安慰却会令他涕泗纵横。你现在的表现，有点像一个忽然意识到自己委屈感的孩子。

我还要再说几句喜欢的阿德勒的心理学。他的一个核心思想，通俗化的表达就是，过去的糟糕境遇和经历，本身是伤害不到你的，你可以从中汲取正面的力量，你也可以被它纠缠着拖入深渊，关键取决于你如何看待它。他也反对把今天的问题都归因于昨天。积极而合理的态度是，从所有最终无法将你摧毁的过往中累积起对抗挫折的经验，让自己变得更强大、更自信。

当年的故人旧事应该不足以成为你的阴影，把它抛在身后吧。你需要与你心中的“敌人”——自己的执念，握手言和，这样，才算真正地穿越了那个生命中的湍流区。

对老师也要有赏识之心

我们的科学老师是个很“混乱”的人（办公室里的老师背地里也这么说），她讲评考卷时，用的都是同学的考卷。她讲课，要么讲很简单的内容，大家都已经知道的；要么讲很难的题，讲半天大多数同学还是听不懂。她总说一个班会有三分之一的人中考时要被淘汰，部分高手肯定能听懂她讲的。我科学本来就学得不好，被她这么一弄就更糟了。每次我要是多做考卷，她就说多做没用；我要是少做考卷，她就说我之所以考不好，就是因为考卷做得太少。我该怎么办？

老师要多对学生进行赏识教育，哪怕面对最“无可救药”的学生也要尽力发现他们的优点并予以肯定和彰显。但我希望学生在面对老师时也能多一些赏识的心情，如果老师在哪方面有独到之处，则充分利用以提升自我；如果老师在哪方面有所欠缺，则发挥自主学习的能动性自我补强。这是一个学生最好的学习之道。

根据你的描述，这位教师大概是比较随性的类型，在教学方面可能存在粗疏、偏颇之处，她最大的弊端在于没有让自己的教学贴合学生的真正需求，没有从学生的真实起点出发，连难易的分寸都把握不好，这的确是教学的大忌。如果你们学校可以自由地“走班”，那么很可能愿意选择这位教师讲课的学生会很少。但很遗憾，你们没有这样的选择权。怎么办？面对现实你们不能只是抱怨，不能总在那儿搜寻各种例子以证明老师是多么糟糕。这样的印证毫无意义。它只会让你们更加反感和排斥老师，而事实是，你们的不满也许远远超出这位老师应得的程度。

比如，你举出“做考卷”这个例子，试图表明老师有多“混乱”。可在我看来却不太敢苟同。粗粗一看，当然，如此明显的自相矛盾，这老师未免也太弱智了点。但是我要说，剥离了具体的语境，有太多的话都是充满了悖谬的。我不知道她是在什么样的语境下讲这话的，而在各自的语境下又有着怎样的意义指向。“多做试卷”也许是指要把“生”的知识变成“熟”的知识，真正完成知识的迁移；“少做试卷”也许是指别把时间浪费在低效的重复练习上面……真实情形如何我不知道，我只知道没有一个老师会蠢到在同等意义上来说这样的话。可是你们，如果不去抓住老师说话的重点，只在最浅表的层面上生硬地抠字眼，找错处，你们自己又能获得怎样的成长呢？

舍不得老师，就继续喜欢那门课吧

我是一名初三女生，正面临分班考试，考完后很可能会离开现在的班级，心里非常不舍。我尤其不想离开数学老师，他是一位很幽默的老师。初一时我便喜欢上他了，我不知道这种喜欢是不是爱，总很想接近他，看到他和其他女生在一起，我会吃醋。他从我们初一带到现在，可是现在我突然觉得他好陌生。他一直告诉我，不会为我去改变什么，其实这我也知道，我只想更多了解他而已！老师，我该怎么做？

看到你这封信，我脑子里竟然浮现出这么一幅画面：一只自以为是狮子的小兔子，昂头挺胸站在大路上，要求对面的一只老虎对自己的行为做出解释。这只小兔子很可爱，但也有几分可笑，而且还有些危险。

你喜欢这位数学老师，这没什么，但这份喜欢如果超越了师生关系，那就容易变味，变出来酸味和苦味。你与老师的关系是完全不对等的，在这种不对等的关系里绝对不可能发生甜美的“爱”，而只会有酸涩甚至悲催的畸恋。我以前说过，你们只不过往成人世界里探了一下头，就自以为是成人了，其实你们还只是孩子。你就像一只假装狮子直面老虎的兔子，希望靠近一些、再靠近一些，浑然不觉自己全然控制不了局面。

几年时间里，老师不断出现在你的课堂，在你印象中他是温和的、智慧的、幽默的，你会在不知不觉中发生“移情”，把自己对一个成年男性的所有美好想象都投射到他身上，似乎他的一举一动都在发光，于是为之倾倒了。学生喜欢上老师是经常有的情况，如果停留在对其优秀人格和教学智慧的欣赏上，学生事实上应该喜欢老师。但你不应该让这种喜欢“滑”向对其生活层面的关注，不应该让这种喜欢变得具有排他性和独占性，否则，那还真有滑向畸恋的可能。这对你来说是可以做到的，只要你在课堂上保持正常的学习专注度而不是胡思乱想（如果分班后不在他的班上就好办了），等到你初三结束，离开学校告别老师后，这缕缥缈的情思也就随之飘散，成为你以后回忆中一个年少时的旧梦，他留给你的也只是一个温暖的背影。至于你的老师，我相信他能够约束自己的言行，这是一位老师面对学生必须担负的责任，也是一个成年人对未成年人理应尽到的义务。在他眼里，你还是一个孩子。顺嘴说一句，“不会为你去改变什么”这句，如果真的是你老师说的原话，那他在分寸的把握上也是有点小问题的，搞得好像两个恋人（至少是有点情感纠葛的成年人）之间在设定底线似的。一个成年人会对一个孩子这样说话吗？

把你对某人的喜欢，转化成对某门学科的兴趣——这就是我对你的希望。而确实也有太多同学，因为喜欢某老师而爱上了他任教的那门课。不想让自己喜欢的老师失望，就好好用点功吧，即便他不再教你了，这门课不还在吗？如果在学业上你有什么要向他请教的，相信他会很乐意帮助你。

没有懂得，就不值得

从初中以来就有一种朦朦胧胧的，害怕被拉单的孤单感觉。看到别人很亲热地与从前的老同学嬉闹的时候，会有一点羡慕，但是并没有过分的嫉妒和难过。谁都喜欢和从前熟悉的朋友叙旧畅聊，我理解。

高二以后分了班，班级男女比例严重失调，男生只占五分之一，放眼都是清一色嘻嘻哈哈聚成一团又一团的朝气女生。高一时那个关系挺好的女生和我不在一个大组，上历史课走班的时候我们还是同桌。但是感觉上了高二以后，我们的关系变淡了，虽然遇到要紧的事情或有什么好吃的，我们还会想到彼此，但更多时候我们没有陪伴。

高二下学期开学一个月后，她给我写了纸条，上面写了无数她的不满。她说她不愿意扯着脸皮笑嘻嘻地去换取友谊，她忍受不了我的情绪，我们碰到时我好不容易露出的笑容，也被她说成冷笑。

我想起几个月来每次晚上放学，一回到家就是找有没有好吃的。第二天我会在她桌上放一包麦片，或者一个果冻、一包饼干。我只是觉得她是很开朗的人，和她相处让人放松开心，她一个人住校不好受，我希望能尽力给她带去快乐。我在晚自习放学后，飞奔到学校旁边的便利店排十分钟的队，买吃的给她，早上早起二十分钟蒸好便当拿到学校，送到她的手里。她要给我钱，我想着只收一半。我几乎不跑小店，餐餐节省几块钱。没想到她却一次又一次地在吃饭时说，不要夹肉夹菜给她，她不吃。但是她从来不拒绝别人的零食和饭菜。原来被讨厌的感觉是这样的。

收到纸条的时候我甚至小心翼翼地说了句谢谢，拿回家看了一遍又一遍，用一个小时写了解释和挽留的话。那天夜里1点，双眼依旧是泡在眼泪里，枕头冰凉。我不知道自己的努力会变成别人眼里的累赘、负担和厌恶。

第二天我把纸条交给了她。后来我们很少一起去吃饭，她总是让我从食堂带饭，饭量依旧特别大。她妈妈每周来看她，给她带最爱的猪肚包饭和其他饭菜。她周围的人总是和她有说不完的有趣话题，我在后排拼命刷题，抬头总是看到她们笑得合不拢嘴。我偶尔小心翼翼地说："真好啊，你妈妈又送爱心便当啦！"她不以为然地用那种特别伤人的眼神回应：住校有什么好的！

我因为许多年的毛病，中饭只吃味道清淡的两个蔬菜。回出租屋，偶尔会和爸妈打电话联系。凌晨总被床边大衣柜后老鼠的声音吵醒。出租屋水管破旧，厨房漏水。楼下饭店的大蒜、洋葱、辣椒味从窗缝钻进来。楼上半夜不睡觉的女人脚步声刺耳。睡不着觉，会孤独到流泪……她的境况完全不同。她每周课桌上有一杯又一杯的"古茗""甘茶度"，早饭是生煎包、酱香饼、帕尼尼，她妈妈每周不辞辛苦带来中饭，她却总是说，住校有什么好，你们还可以回家……我也会想家，想念爸妈弟弟，姐姐姐夫，外甥女和小姨，想念锅碗瓢盆和菜肴香味，想念妈妈忙碌的身影。连续二十天的日子，我们都难熬。

我知道那些让我铭记的伤痛我无法忘却，我们说话的时候眼里都隔了一层纱，我说话的语调小心翼翼，再也不敢夹菜给她，也不会说羡慕妈妈送中饭的话。夜里老鼠作乱的时候，我的心异常孤独。这是青春里漫长的一站，希望我的描述不会带来太多不适和负能量。

因为你说的全是关于友谊，所以默认你本人是一位女生。

朋友相处，如果一方觉得别扭，另一方一定也会感到不舒服。你与那位高一时要好的女生之间就进入了一种很古怪的“逆鳞”状态，怎么都不顺。她认为是她在委屈自己换取友情，你认为是你在无限付出博她好感；你花钱费力为她送去餐点，她却视为负担满心嫌弃；她与别人谈笑风生，你只能远远地用目光去艳羡她的热闹。你们就像两只刺猬，身上挓挲的毛刺极其敏感，你执着地想要凑近取暖，得到的却只有伤害。

从描述中看来，你似乎是这场朋友关系中相对弱势的一方。她已经甩开步子往前走了，有了自己的新圈子，你则一直小心翼翼地想要守住和挽留这份友情，并且为她做了很多，可是她却感到不耐烦，甚至有些讨厌。但我们知道亲密关系中的“弱”与“强”都是相对的，有时候某一方的“弱”是自找的，而另一方的“强”可能是被逼的。比如，有人总是不停地给朋友碗里夹菜，而朋友已经第一百次表示不喜欢这菜，但她完全无视其态度，依然如故，最后朋友忍无可忍把这菜倒进了泔水桶。如果这里有一个特写镜头，镜头里的朋友是多么蛮横，而她又是多么无辜！

你的“弱”其实蕴含着某种固执的杀伤力，你几乎屏蔽或无视她反馈的信息，坚信自己付出的一切都是对方需要的，即便对方明确拒绝也会理解成只是客气，依然源源不断地去付出，并且为自己的付出而超级感动，为对方的不领情而黯然神伤。我有一个直觉，你是在以你执拗的付出，造成对她的压迫感。这样的执拗一点儿也不可爱，很像父母强加给子女的吃食，反而让人心生逆反。

很有可能，你的无知无觉，造就了对方的没心没肺；你的底线失守，助长了对方的肆无忌惮。

显然，你们现在玩不到一块儿，言语也不投机，我无法理解你何以要死死守住这么一份放弃了自尊、连名义也不存的所谓友情。我一直说，没有完全均等的情感交换，我们不需要把得失放到天平上锱铢必较地掂量和计较，但是一份冒着逼人寒气的“友谊”，还需要跪着去强求吗？从来信中，我读到你的辛苦付出，你的小心翼翼和隐忍委屈，更读出你本该灿烂青春里的荒凉和孤独。我为你感到心疼，你理应拥有一份更为温暖的友情，但前提是，你需要学会“懂得”——尽可能懂得对方需要什么，尤其要懂得自己忙碌得像个小保姆，所为何来？

有人说，因为懂得，所以慈悲；可我要说，因为懂得，所以值得。没有彼此的理解，一切热情和努力都会像燃烧之后的灰烬，残留的灰烬里只写着三个字：不值得。

你要明白，人与人之间的感情，无论友情还是爱情，既施舍不到，也乞求不来。你想屈尊一下，俯就一下，哪怕勉强维持，友谊也已不存在了；你想强挽一下，跪求一下，哪怕还在一起，感情也早已消散了。只有亲情是个例外，因为亲情不是选择的结果，而是命定的，是被赐予的。可友情和爱情是可以选择的，因此也可以放弃或放手的。

情人吵架，一个人很喜欢说：“我上辈子欠你的！”另一个人会反驳：“说反了吧？是我上辈子欠你的！”他们都心有不甘，又有不舍，都觉得自己付出的多，都觉得自己是在用一种谦卑的姿态去取悦对方，自讨没趣地被别人虐，仿佛此生是在还上辈子的债，在赎还未偿完的罪。如果说情人之间那种怨悔交织却依然难舍难分的境况尚有几分可理解之处（毕竟是“冤孽”“孽缘”嘛），那么朋友之间陷入无穷无尽的伤害而不努力寻求解脱，那实在有些匪夷所思。真正的朋友一定是可以玩到一起、言语投缘的，彼此之间一定是这样的：我对你好，是因为我的那份“好”是你需要的，是你愿意领受和珍视的，同时也是让我自己觉得快慰的，因此从根本意义上说，我们两人其实互不相欠。

我知道你害怕孤独，害怕自己在集体中成为一个边缘人、局外人，而那个女生是你想要摆脱孤独的救命稻草。作为同样是从青春中走过来的人，我理解这样的境遇和愿望，我也想在荒凉的青春里找到一棵离自己最近的、刚好能够到的树。但是，如果那棵树带给我们的只是更深刻的孤独感，你觉得还有必要苦苦守望吗？

你描写每天回到出租屋的那些文字，真的刺痛了我。小小年纪，你独自承担了很多。紧张而凌乱的日子，潮水般漫开的孤独，你如此真切地体验着其中的无奈和苦涩，并且用灵动的笔触呈现出来。你的内心是多么丰富，很可惜，你那位很可能要失去的朋友无法体察你这颗精致的心，这更是她的遗憾。

我想对你说：不要害怕。不要害怕孤独。不要害怕被世界冷落。要知道别人追逐表面上的热闹，也不过是躲在人群里壮胆而已。每个人都有面对自己的时刻，那一刻谁都是孤独的。你当然要寻找自己的朋友，但也不必太过急迫，更不要太过勉强，你身上可能拥有某种特别的吸引力，而旁人还没来得及发现和欣赏。你要学着找到自己内心的富足感，找到自信的支撑。这个支撑可以来自很多方面，比如学业上的一点进步、兴趣上的一点拓展，或者专注于某一件事情时内在的那份宁静。你自身也会成为一道独特的风景。你要相信万事万物的守恒定律，你今天暂时不能拥有的东西，会以另外的方式补偿给你，黑夜再漫长，太阳终将升起。你沉浸于孤独的静水深流，会带给你心智和性情上宝贵的馈赠。日本诗人谷川俊太郎的那句诗我很喜欢：“河水为什么冰凉，因为想起了曾被雪爱恋的日子。”你今天经历的孤独，就是“被雪爱恋的日子”，它会让你的思想和情感更加清澈。

朋友的存在是为了互相取暖的，如果不能，那就从她的身边路过好了。把太多的情绪寄托到朋友身上，何尝不是生命的浪费？无论友情还是亲情、爱情，都绝对不可能满格，我们必须要有另外的维度、另外的成就感来支撑起生命的饱满感觉。所以，当“朋友”这种关系给你带来的只有负面伤害时，还不如做个路人。

的确，这是“青春里漫长的一站”，愿你在这一段行程里，没有对自己的辜负。

领导力重在“平衡”二字

希望塞林提供一个如何当好班长的策略。

很惭愧，从小到大，我从来没有当过班长，所以很难提供切实的经验教训。不过，基于自己当年在班上“亦正亦邪”的表现，后来又收到过不少同学写信来诉说“当班长之难”，对怎么当好班长这个话题，可以简单聊上几句。

班长的领导力重在“平衡”二字。

角色感的平衡。不要把班长当成官来做。当好班长需要建立一定的威信，这没错，但班长本身无权，因此也很难有势。班长是通过做好服务来收获人心的。他是老师的小助手，又有点像同学的大管家。班长固然要为班主任分忧，但也别忘了自己的学生立场，要学会掌握好平衡，不可动辄抬出老师来吓唬同学，亦不能无原则地迁就班上一些不良习气。

职责上的平衡。要懂得担责，但一定要学会分职。身为班长，肩上一定会承担一些责任，不过只能是有限责任。遇到一些需要做决定的事，不妨“外事不决问老师，内事不决问票数”，“外事”“内事”当然是一种戏称，指大事小事都要大家商量着定。尤其是在执行层面，班长的主要角色是责任人、统筹者、协调员，不是自己一个人什么都抓，应该把专项的事情分解给副班长和各个委员乃至普通同学，然后做好监管、把关、汇总之事。不要以为自己气喘吁吁地跑来跑去是尽职尽责的表现，这样很容易效率低下，而且出力不讨好。为班级做事情其实是一个锻炼能力、服务同学、提高存在感的机会，这样的机会应该让更多人享有，最好让每个人都觉得自己是整个班级的一分子。

群体间的平衡。要团结全体同学，多关心“边缘”同学。班长要有一颗公允之心，不可拉帮结派，形成气味相投的小圈子，但如果以前就有一些要好的同学，也不必刻意疏远，该有的交情完全可以而且应该继续保持。对于成绩不太好或者性格方面不太合群的同学，可以给予多一点关注。这样，也有助于形成一种和谐、友爱、温暖、有活力的美好的班集体文化。

自我心理的平衡。据我了解，班长有时候会成为全体同学的“假想敌”，如果遇到这种情况，望你做到不慌张，不愤怒，学会反思自己行事是否有欠妥之处。你要知道自己很可能因为角色问题，成为众多同学表达情绪的一个靶子。聪明的班长不会舌战群儒，不会强硬回怼，而是像个带有消音和屏蔽功能的收纳箱，把所有的负面情绪屏蔽，让所有的混乱噪音消失，收纳的是其中理性中肯的意见，然后把它们反馈给老师或交付给班委。但是，要做到这样好难，中间可能还要承受一定的委屈，当然，你在这个过程中会获得巨大的心智成长。

时间上的平衡。我想对你说，请你处理好自己的学习与班长职责之间的关系，妥善安排好时间，不要把太多精力陷在班级事务里面，毕竟你的主要任务还是学习——虽然当班长从某种角度看也是一种学习，学习沟通和管理，学习责任感，学习领导力。

多商量些事，少琢磨点人

我是一名班长，平时在班里很热心地帮助大家，甚至到了有求必应的程度，有的时候管理班级纪律也睁一只眼闭一只眼，生怕大家对我的工作有异议。但就是这样，有一次我在班级群里和大家吵架，然后赌气退了群。

我有两个号，一个是平常潜水用的。当我用另一个潜水的号进群看时，发现大家都在骂我，说我不要脸，让他们的学习生活变恶心了，甚至有人篡改了之前吵架的消息记录发到网上污蔑我。现在整个班级像是带了有色眼镜看待我，我该怎么办？

从你的信里，我看不到“事”，只看到“人”。我想我大概知道了问题所在：不好好商量事情，心思全用在琢磨人上了。

身为班长，与同学吵架后就“颠了”，逃离现场，扔下一个烂摊子不管，这真不是一个班长干的事儿。随之而来的，当然是对你的恶评如潮。你都退群了，不说你的坏话说谁的？

姑且不论你们争论的观点孰是孰非，只要你退群了，哪怕你自称是“不想玩了”，别人也只会当你是“玩不起”。班长这个角色的存在感是比较强的，而且我多次说过，班长极有可能成为全班同学的“假想敌”甚至

“替罪羊”，你像个甩手掌柜似的拂袖而去，原本对你没意见的同学也会附和对你的不满的声音，于是就形成了“群嘲”“群殴”的局面。你应该知道，在网上说坏话是最轻便的事，所以一定会冒出很多键盘侠。当面骂人，他可能不敢，更不至于出语太狠；但躲在屏幕后敲敲键盘，整出一堆夹枪带棒、杀伤力强大的文字给特别的人施加网络暴力，却是几乎不需要考虑“成本”的事。

我很不喜欢现在横行于某些群里的一些戾气太重的言论。我会想象那些夹枪带棒的文字背后站着一个凶神恶煞、咬牙切齿的人，可情况往往是，那个放狠话者在现实中倒挺温和甚至挺㞞的。这其实是一种很可悲的“平庸之恶”。你们班级群如果笼罩着一团极不和谐的杀气，滚动着的全是吵架甚至人身攻击的言辞，你身为班长就需要担负起自己的责任，予以严正警告，引导大家理性探讨，而不是也卷入恶声恶气的争吵之中，更不能一走了之。

你更不该退群后又潜水回去窥探情势。因为根本不需要什么想象力就可以猜到群里会怎么议论你。一定有几个偏执的同学不断发出强势攻击，也一定会有一些同学甩几句冷言冷语。我们哪怕心智比较成熟，也很难说自己有完全独立的判断，不被带节奏，大多数人都是经不起挑拨的。同时，我们也很难做到“直面惨淡的人生，正视淋漓的鲜血”，抗击打能力说到底并没那么强，人都是有点玻璃心的，既然如此，何必去主动体验那种虐心的感受？

所以我的建议是：

第一，名正言顺地回到群里，发出自己真诚而理性的声音。如果你一直退避、龟缩或暗中窥探，同学们积压的负面情绪会持续发酵，问题完全得不到解决，而你自己的心结也会一直解不开。你以真实身份回到群里，那些“不在场攻击”就不敢再肆无忌惮。而且你再次出现时，不要再纠缠于过去的恩怨，不翻老账，不记旧仇，那些不堪的往事就此打住，也不要再试图分辨那些其实永远也分辨不清的东西，否则，你一定又会陷入一个烂泥潭里。你只认准一条：真诚发声，就事论事。

第二，认清班长职责，当好老师与同学的沟通桥梁。我以前写过当好班长的几条意见，其一是不要把班长当“官”来做，从本质上来说班长是老师的“助手”，是同学中的“首席”，承担的主要是协调和服务工作，要善于居中调停而不是激化矛盾；其二是要学会分权和分责，你们班委会不是有好几个人吗？工作上的事情大家商量着来，事情不是你一个人来做，同样，责任也不是你一个人来担，班长承担的只是“有限责任”。千万不要把一意孤行看成力排众议，你可以“外事不决问班主任，内事不决问班委或选票”，班长一般不是做决定的那个人，但他需要做好收集意见、反馈信息、解释说明等工作。

第三，不要过度依赖线上讨论，要更看重线下交流。在班级群里讨论事情有其便利之处，这不必多言，但其弊端也显而易见。前面所说“网上如盗匪，线下似绵羊”就是一例。一些偏颇过激的话，当着面一般不会脱口而出，但在键盘上敲起来就似乎不太有心理负担，正所谓“当面嘴贱难，人后手欠易”。对于接受者来说也一样，有些话，面对面聊的时候因为表情和语气也许并不觉得多么刺耳，但在屏幕上明明白白亮出来，却感觉特别生硬，气势汹汹的，让人很难消受（所以人们在线上交流时不得不配上大量的表情符号，以减轻某些词语或某种表达本身自带的重量和压力）。线上交流是容易产生误会的，有字面意思的误会和情感态度的误会。而且，在群里，但凡有人寻衅开了恶腔，很可能全员都会被搅弄得心浮气躁，满屏都是戾气，负能量爆棚。所以，想要解决一些事情，尤其是那些容易产生争议甚至让人闹情绪的事情，最好线下开会商量解决。

第四，我劝你也需要好好反思一下，你说自己热心帮助大家，几乎有求必应，又为何会沦落到“全班黑”的地步？说实话，吵架、退群是大家嘲骂你的最直接的契机，但不是根本原因。根本原因很可能是身为班长的你角色错位，于是步步荆棘。

其一是你“失了分寸”。帮助大家是对的，但有求必应就是过头；与人为善是对的，但对管理班级纪律睁一只眼闭一只眼就是失职。班长不是官，但也不是保姆，更不是一心想要取悦同学们的老好人。但人是这样的，往往你越想取悦，越是取悦不了，你越想谁都不得罪，越有可能得罪了多数人。如果你在平日里已经树立起这么个老好人的“人设”，那么你身为班长的威信就几乎不存在了，当你要坚定地表达某个主张、推行某个做法（尤其是与一些同学心愿违背的主张和做法）时，不会有人来买你的账，你之前赊下的人情非但分文未还，他们反而会把你视为“德之贼”的乡愿。

其二是你“丢了公道”。但凡顾私情者必失公道。我从头到尾没有看到你与同学们因何事而吵翻天，但根据你的行事风格，很有可能是你立身不正、持论不公而惹了众怒。抱歉我这里只能猜测，如果与实情相悖请你原谅，因为我真的不知道发生了什么。虽然有“乌合之众”，有“平庸之恶”，但今天这样的校园环境下，一个班长落到了“全班黑”的地步，难道不需要凝神定气，好好反思一下自己的为人做事是否有缺失吗？

也许我写的这些话都是没有什么意义的。因为你们这个年龄的孩子，本是单纯的。除了学业之外，你们应该琢磨的只是事，而不是人。有句话说：“天下武功，唯快不破。”当发现自己陷于人与人之间的麻烦时，你会发现“真诚”其实是一柄挺不错的快刀，可以斩断一切乱麻，“人际纷扰，唯诚可破”。

本没有牵手，又说什么“分手”？

我高一，和我在一起读重点高中的初中同学不多。我恰好和她在一个班，尽管我们初三是一个班，可是你知道，那时候都各玩儿各的。整个学年下来，说了也不到五句话吧。

高一开学分座位的时候，她就一把把我拉了过去（我们俩身高差不多），于是我就变成了她的同桌……

但是我觉得她这个人好无聊啊！整天问我没有任何意义的问题，比如：“你觉得我该不该穿毛衣？”“为什么高中这么早就放学了？”高中的生活本来就是无限的重复，我身边还要来这么一个本来就没什么共同话题的人，还要碍于往日不深的情分这样“咬牙”坚持下去。太累了。不仅如此，她总是翻我的作业，是那种老师批好了传下来的时候，她就一张一张地翻过去，看看别人的情况。我很反感，有一次还和她因为这个闹了别扭。

我曾经想过在她身上挖掘一些闪光点，但我发现太累了。你说我到底应不应该和她和平“分手”呢？

想象一下，十年甚至二十年以后，你回过头来看当下这个正在备受煎熬的自己，看那个今天带给你烦恼的同桌，你的感觉是怎样的？你的表情是怎样的？

你会笑，就像漫画《哥斯拉不说话》中，十四岁的小末想象未来的自己看到当下那两页充满愤怒和郁闷的日记，“第一反应是‘噗’地笑了出来”，觉得此时的自己真是太可爱了。

也可能会使劲回忆你们之间发生过的事，却怎么也想不出有哪些印象深刻、值得你烦恼的过节。没错，你们虽然是同桌，但你们的命运并没有纠缠在一起，只是曾经分享同一张书桌，只是在对方的生命中短暂地路过，后来岁月里沉积的风沙早已将那浅浅的痕迹掩没。

从小到大，我们经历了无数个同桌，除了其中一二，我们恐怕连多数的名字都记不起来了。对于“同桌的你”不该有不切实际的误解，大多数友情与彼此的空间距离没多大关系，相反，置身于被学习的高压力驱迫着的人群中，人际间的容忍心本来就弱，也缺乏深入交流的余裕的时间，离得越近的反倒越可能生出嫌隙。所以如果你与同桌谈得来，那很好，但请记住要维持住你们的良好关系，也是需要付出时间和心理成本的，太多的情绪起伏其实都是由“好朋友”引发的；如果你与同桌并非“同款”，难以共振，我觉得也挺好，至少你们之间产生各种情绪纠缠的可能性降低了很多，做一组关系松散型的同桌，大家反倒可以更简单，更洒脱，完全没有必要像管宁、华歆那样，动辄“割席而坐”。你需要拥有这样一种底线思维，即你与同桌只是偶然坐在了一处，你们的命运并没有纠缠在一起，你们对彼此不应有过多的期待，当然也谈不上什么失望，更无须有莫名的怨愤。所以还请淡定看待这位临时伙伴的共同在场，因为青春终将散场。

但我知道，以上这番话大概还很难说服你。你会说，我们之间不是难以共振、没啥感觉的问题呀，是她太无聊了，总是来跟我说一堆无聊的话，我是“树欲静而风不止”啊。

如果我说“风”本身其实是无辜的，“树不必对风生气”（这是我之前一本中学生回信集的书名），对此你能接受吗？但在一位叫阿德勒的心理学家眼里，事实就是如此：我们对别人来说没有那么重要，同样的，别人对我们来说也没有那么重要，我们都有各自需要面对的“人生课题”，别人没有义务满足你的期待，你也不是为了满足别人的期待而活。倘若你把自己的不幸归咎于一个其实关系不深的同桌，那是你没有直面自己的课题。你不喜欢同桌，不是因为你所列举的那些表现令你不喜欢，而是你本来就不见得喜欢她，然后就习惯于从她身上找出一堆理由来给自己的不喜欢添加注脚，来证明自己比她优越，并且停留在“如果换个人做同桌就不一样了”这样的幻觉之中。只要这么去期待他人，哪怕换个同桌，所谓的“反感”“别扭”“太累”这些情绪依然会出现。

有一本阐发阿德勒心理学的书《被讨厌的勇气》，是两位日本作者写的，其中的许多观点对帮助我们从人际烦恼中解脱出来很有启示意义。书封上的推荐语“所谓的自由，就是被别人讨厌”，听上去有些惊世骇俗，但在某种程度上说出了一个不那么招人喜欢的真相。你的同桌确实有些“讨厌”，但她本来就不是为了让你喜欢而存在的。从她的视角来看，你也一定会有缺点，对此你当然也不必在意。

总之，人不是为了取悦他人而活，不是为了别人的期待而活，而是要恪守自己的人生课题。只不过在现实中，我们总是忍不住用自己的期待去干预别人的课题，又用别人的期待来绑架自己的行程，于是徒生许多烦恼，最显著的就是钻进了“可恶的他人，可怜的自己”这么一个充满了抱怨和自怜的“人生谎言”之中。

作为深受中庸哲学影响的中国人，我当然不会全盘接受这种似乎有点冷血、有点自私的思想。我一点都不想鼓吹每个个体都去做缺乏同理心、没有共情能力、不会设身处地、不照顾别人感受的人，不懂得体谅他人、不顾及他人期待，自喜于“被讨厌”的人恐怕是全无心肠的“独狼”。但我也无比真切地感受到阿德勒个体主义心理学提供的一个极具启发性的视角，可以让我们从无穷无尽的人际烦恼中解脱出来，让我们不再沉溺于“可恶的他人，可怜的自己”这种作茧自缚的弱者心境，让我们可以获得哪怕被讨厌也不被他人牵着鼻子走的强者勇气——由此出发，你也可以在她碎碎念的时候开启“静音模式”，可以在她翻你作业时予以明确拒绝，守护好自己的边界，哪怕因此“被讨厌”。

其实还是回到了前面所说的，你本不必对同桌有过多的期待，她有没有如你所愿并不重要，重要的是做好你自己，你和她都有分属于你们自己的课题，放下她的课题，你才不会生出无端烦恼。树不必对风生气，让风自由，更是让树幸福。放过同桌，何尝不是放过你自己？至于应不应该和平“分手”，事实是，你们原本就没有牵手，又何谈什么“分手”呢？

谁都别拿自己不当外人

我的人缘不错，身边有很多朋友。我从不乱动别人的东西，最讨厌别人不经我同意就乱动我的东西。但有几个女生仗着和我关系不错，老在我的桌上涂鸦，乱翻我的本子。如果是男生这样做，或许我早发火了。可她们是女生，又是我的朋友，我怕直接警告她们，会伤她们的自尊，以后大家心里会有隔阂。我曾旁敲侧击提醒过，但她们依旧我行我素。最近有一次我终于忍不住发火了，之后她们就收敛一点，但前几天又是这样。我真受不了她们，该怎么办？

乱翻别人东西的行为的确让人讨厌，说轻一点是习惯不够好，说重一点是教养有欠缺。咱们中国人骨子里还不太有对隐私权的尊重，尤其是朋友熟人之间，仗着关系比较亲近就觉得什么都可以“共享”，发现你比较介意还很不屑，撇嘴说“别这么小气嘛”。怎么办？既然你旁敲侧击提醒、当面直言相告甚至发火以后她们还是会我行我素，你不妨在她们乱翻你东西时，索性把所有东西都亮到她们眼前：把抽屉打开给她们看个够，把本子打开一本接一本往她们手上送，把文具盒打开递到她们鼻子底下……用不着发火，甚至不需要说一句话，她们应该会感到尴尬的。你这么做是在告诉她们你并没有什么秘密需要守护，你只是反感乱翻东西的这种行为，你故意夸张的行为还表明你的介意程度其实非常高。如果她们不感到尴尬，或者即便尴尬了也不知收敛，那我觉得你得有意与她们保持距离了，因为不尊重、无视你的感受的人算不上朋友。

这些女生只乱翻你的东西，还是对别人也这样？如果只是针对你，那你就得反观一下自己平时与她们相处时的言行，是否的确容易令她们不拿自己当外人。我还是觉得，同学朋友相处，少一些勾肩搭背，少一些打打闹闹，少一些飞短流长，少一些身体上的接触，嘴不欠，手不贱，保持一定的物理和心理距离，还是有必要的。也就是说，在她们面前，你先别拿自己不当外人，她们才不会在你这儿失去分寸。

以直报怨，不惹事也不怕事

在班里有个“死对头”，会处处针对你的那种，怎么办？和好是不可能了，但又躲不掉，好难受啊！

生活中偶尔有“雷”，对付之道无非几种。先是要“避雷”，避之不成只能“扫雷”，但扫雷动静太大一不小心会炸，也会伤着自己，最好的方式，只能是“消雷”。

那个人处处针对你，原因你是否略知一二？是因为你太弱小？如果你真的很弱小（无论是学业还是个性都不强），那人也犯不着特别针对你。是因为你太强大？如果你真的很强大（学业上的“学霸”、个性上的“牛娃”），别人也不敢轻易来针对你。你应该是在强弱之间，或者是学业虽强但个性软弱，或者是学业虽弱但个性张扬，又或者是你心直口快无意中得罪了人？不得而知。

假如你跟“死对头”还能说上话，不妨直问“为啥针对我”，通过了解他的朋友询问一下究竟也未尝不可。说不定中间存在啥误会呢？但不管有没有误会，说开了总比“闷葫芦”强。活要活得痛快，“死”要“死”个明白。但在此问题上也不必太过执着，如果问不出个所以然来就作罢，徒然消耗心力瞎琢磨，不值得。

若你发现自己曾经无意中得罪过他，可以做个解释，能化干戈为玉帛，那样最好。当你经过询问和反思确认自己并未做错什么，至少并无恶意，而对方继续死缠烂打，处处针对，那你也不必委曲求全，更不要因为那个“死对头”的存在而完全改变自己，那未免太活在别人的眼色里了。如果把他的针对看成是一种“怨”，那你不必以怨报怨，也不必以德报怨，用孔老夫子的智慧，以直报怨即可。

以德报怨，是对其恶劣行为的姑息和纵容，不可取。以怨报怨，就像“扫雷”，有可能玉石俱焚，也不可取。他针对你，你跟他针尖对麦芒，那你就跟他一样身陷泥潭了。还可以这样来说：你与恶龙缠斗过久，你自己也就成为恶龙；当你凝视深渊，深渊也在凝视着你。睿智如钱锺书杨绛夫妇，当年一时不慎，就曾被拖到此等污糟境地（与恶邻扭打起来），事过后钱杨形成默契，此生不再有一字半语提及此事。因为，太不堪了。

以直报怨，就是不惹事但也不怕事，事情找到你头上了，躲不开就直面它。泛泛的冷嘲热讽可以不计较，但如果对方出语中伤、造谣、诽谤和威胁，那么对不起，这已经涉及语言暴力，关乎校园欺凌，绝不能姑息迁就、置之不理，而是要正当维权。你可以正色告之，如其依旧不改，你就注意留下证据（包括人证），报告老师。事关校园欺凌这根“高压线”，相信老师不会不了了之。

当然喽，如果他的“针对”只是说话有点难听，不算太出格，那么无论其是出于嫉妒还是别的什么动机，你可以把“消雷”功夫做得更好。排除“噪音”的干扰，你还是能做到的。只有虚弱的人才会过分在意别人的态度和言语，才会遇到一点火星就爆炸，吹来一丝邪风就激荡。面对别人的针对，你得让自己强大起来，强大不意味着强势和咄咄逼人，真正内心强大的表现可能是：不在乎。温和、包容、不急于争辩反驳，不在乎闲言碎语，同时又有自己的主见，专注于自己真正在乎的事情。这就是“静水深流”的境界。

真友情贵在分享而非占有

最近正好有心烦的事情，希望吴老师可以解答一下。

选课分班了，和我的闺蜜Z没有分到一个班，她因为在新班级还没有特别熟的人，就常常找我玩。我这个人也不知怎么的，和新同学都混得不错，然后有几次她来找我，我正在和新的姐妹们玩耍，或者是和Z聊着聊着就有新结交的朋友来拉我去玩，我每次都很尴尬。我不知道该怎么处理两边的关系，两边都是我所在意的人啊，我尝试让她们也熟悉一下，但还是不行。Z因为我和别的姐妹聊天老和我生气，说我不在意她，可我有时候甚至为了陪她和新姐妹说拜拜啊，而且她和她的姐妹玩我也没说什么啊。我曾尝试和她解释每个人对我都很重要，不能因为谁而伤害谁，可是她还是对我说那些不好听、难以启齿的话。我真的超级超级难过，也特别累，不知道该不该继续这段友情，我很迷茫啊！

看到你的这封信，我脑子里忽然冒出泰戈尔的一句诗："你是我一个人的，我一个人的。"这位大诗人对于恋人之间的占有欲，显然持一种赞美的态度，竟把它描画得如此清新脱俗。不得不承认，几乎在每一个肉身凡胎那儿，都先天地存在或多或少的占有欲（也许从古猿那儿就继承了这样的基因)，不但爱情关系中有，亲情关系中有，友情关系中也会有。你闺蜜对你怀着某种微妙的占有欲、独占欲，这是不需要费劲就能看出来的。但是，跟嫉妒一样，占有欲（尤其是独占欲）也是人性的一个弱点，任何亲密关系只要跟占有欲扯上关系，就不可能太美好。

你与闺蜜的关系，其实就毁在了她过强的占有欲上。她不断地生气、抱怨、指责，你承受着委屈、试图解释、尽力维持，这样的状态对两个人来说都是超级心累的。你很善良，很想照顾所有人的情绪，但你不应该允许自己被“善良”拖入如此不堪的境地。你需要有自己相对独立的空间，你有结交新朋友的自由。如果你跟闺蜜解释多次仍然无效，甚至还招来恶骂的话，我建议你不妨先与她保持距离，不必刻意花太多心思去维持友情，直到她学会融入新集体，尊重老朋友，接纳新伙伴，善于分享而不是独占——当然，如果真有那么一天，成长了的她或许也不会那么“在意”你了，而这其实是好事。

记得我以前写过，不要为了满足别人的期待而活，虽然这实际上很难做到。来自父母、老师、朋友的期待虽然可能构成压力，但有时候也是一种动力，他人的期待和自己的愿望往往交错在一起，甚至是高度一致的。而在多数情况下，我们的人际烦恼来自越界，别人没有权利介入你的选择，你更没有必要过于迁就别人，哪怕这个“别人”是你最好的朋友。你的闺蜜Z依赖着你，这并不意味着她对你有多么深的感情，不是的！多少人尤其是女生在这里存在重大的误判。面对一个只会死缠烂打、喜欢赌咒发誓、施加语言暴力的人，千万别相信她所说的：“我是太在意你了！我是太在乎你了！”不，她在意在乎的其实是自己。她正在用自己表现出来的失落和失望、愤怒和指责，来增加你内心的不安和罪恶感，彰显她在道义上的正当性。她要让你觉得，她的孤独、守候、等待是专一的、长情的、高尚的，而你的合群、转身、对新环境的良好适应力和对新同学的开放姿态，是一种抛弃、一种背叛，是理应被谴责和诟骂的。

好朋友不会让自己的“在意”构成对方的压力，更不会让它成为一种困扰和烦恼。她应该给你空间，也给自己空间。让人透不过气来的“友情”，那还是友情吗？她太自我了，浑然不顾及你的感受，完全不尊重你的选择，就像一个试图用哭闹来控制、独占妈妈的“巨婴”，看到妈妈抱一下别的小孩就满地打滚……她因为暂时适应不了，缺乏安全感，所以对你产生了异乎寻常的心理依赖，这可以理解，但是这样的依赖对你和她其实都没有好处。你一味迁就容忍，换来的可能是更多的索取和苦苦相逼。与闺蜜保持一定的距离，这对她摆脱童稚化情感的“巨婴”状态也是有益的。融入新环境是她需要自己解决的“课题”。

我以前在“塞林的树洞”里回答过另外一类问题，大意是这样的：我与她关系一直很好，但我们到了新学校新班级后，她却忙着结交新人而忽略、冷淡了我这个旧交，她与别人聊起来笑语喧天，我一过去找她就“冷却”下来了，我该怎么办？这个问题就像是你闺蜜写来的。瞧，谁都有自己的烦恼、怨怼和委屈。对于感觉“被冷落”的同学，我一般会劝他们要理性地认识到“情感交换”不存在绝对均衡，要学会从尴尬开始结识新朋友，可以努力发展自己的兴趣并让它成为友谊的支撑点，等等。在这里，我反过来要劝你，对于始终做不到与你一同往前走，让自己的世界变得更大的人，你其实并没有义务一直停留在原地陪着她。在几十年的人生阅历中，我深深地认识到一点，即亲密关系里往往是“强者不强，弱者不弱”。什么意思？比如两个朋友，一个貌似很“弱”，缠着另一个希望其多关注自己；另一个看似很“强”，仿佛是爱与恨的主导者。实际上，“弱”的一方有可能无所顾忌地向“强”的一方索取，而“强”的一方却只能弱弱地在那儿百般解释乞求理解。有人恃宠而骄，也有人恃弱凌强，打“弱者牌”有时候还挺管用的。举个不太恰当的例子：婴儿是整个家庭里最弱的人，但全家上上下下谁不围着婴儿转？有的“巨婴”，也正是利用自己的“弱”来控制别人的情感，独占朋友的关注，满足自己的欲望。

“你是我一个人的，我一个人的。”诗人的呢喃听起来很动人，但在现实生活中，对这种来自朋友的诉求恐怕只能煞一下风景了，因为——“我是我自己的”。

以最低成本，维持最简单关系

在学校里“被”“小团体”，我该“敬而远之”吗？

没有前言，也没有后语，你所说的“小团体”是什么？

同学之间的关系，应该是这个世界上最单纯的。不过就是一群人，因缘际会，到了同一个环境一道学习。同学之间没有根本的利害冲突，学习好坏靠的终究是自己。同学虽来自不同阶层不同家庭，但每个人在校内只是一个“横断面”，背景或淡化或隐退，贫富贵贱差异尽量抹平，大家一身校服一条马尾，清爽利落，带几分天真看世界，怀几分浪漫看未来，朝气蓬勃，多好。

但只要有人群，就会有所谓的“江湖”。同在一班，人与人之间也难免有亲疏远近的分别。这个与那个，三三两两的，就会因为各种原因，或越走越近，或保持疏离。这很正常，否则也就没有朋友，没有闺蜜或死党了。校园之所以缤纷，班级之所以多彩，就因为存在各种各样的“朋友圈”、各擅胜场的“活动群”、各有所好的“小部落”，大家左右逢源，上下求索，不亦乐乎！

但是你所说的“小团体”，应该不是这样的朋友圈、活动群、小部落，而更像是“小团伙”吧，否则何至于内心纠结，还特意来信相询？应该是另一种让人感觉不适的存在。在“小团体”中的人有极强的归属感，容易抱团和排外，时时事事混在一块儿，怒刷存在感，抢夺话语权，还会仗着人多势众给别人（包括老师）制造压力，在一种虚假的力量感的支撑下，根据亲疏关系、利用价值或者顺不顺眼、碍不碍事的考量，或拉拢或孤立或打击其他同学。他们按照“社会人”那一套，立“山头”，拜“码头”，把原本简单的同学关系搞得庸俗不堪，把本该清爽的校园文化、班级文化弄得乌烟瘴气。他们不是抱团取暖，而很有可能抱团欺凌，会变成惹人厌的学“霸”。

如果哪所学校或哪个班级“小团体”大行其道，那么校风、学风一定好不到哪里去，校长和班主任该出来好好管管了。“小团体”的存在显然已经恶化了学校和班级里的生态，它实际上在逼迫学生做选择，有人加入，有人“被”加入，若心境不宁，教室里就放不下一张平静的书桌了。有人抱团，就有人会担心自己被霸凌（被孤立、被嘲讽、被针对也是一种被霸凌）而“归顺”“小团体”，以寻求一定程度的安全感。你的来信虽然只有短短一句话，但我可以感受到你所受到的压力。如果你选择“被”“小团体”，做了非你所愿之事，你恐怕会感到压抑，而且既入“小团体”，你很可能就得照着“只要义气，不分好坏；只管立场，不问是非”这一套做人行事，书桌也无法平静……这些都是你不得不付出的成本，非常不值得。所以我的态度很明确：对于“小团体”，请远之。在校园里，请尽量用最低的成本，维持最简单的关系——同学关系。

我觉得在人群中学习生活，当记住几千年前孔子说的这几句话：

君子群而不党。——人应该合群，但不要拉帮结派。

君子周而不比。——要广泛交友，但不要相互勾结。

君子和而不同。——要真正和谐，但不要强求一致。

这几条“金句”，说来容易，要做到其实比较难，与君共勉。所幸你的同学，包括那些借助“小团体”去找安全感、归属感、存在感的人，从根上来说，应该都是君子。

守住“边界”，还可以钝感一点

我一个寝室的同学中，有一个很奇怪。我们平时在寝室里分吃零食水果，都会问问她要不要，但是她从来不分零食水果给我们。有时候她托我去小卖部买个什么东西，也从来不记得给钱。这个时候，我不太好意思主动问她要钱，感觉面子上挂不住。但是，如果我让她帮忙买点什么，她会马上问我要钱，好像生怕我跑了不给钱似的。要怎么样才能和这样小气的同学好好相处？

你一定是忍了很久，才写信来倾吐胸中郁闷。说起来都是“一地鸡毛”。但是天下纷争、球赛胜负、粉丝站队之类，哪怕与室友意见不合，虽不至于影响生活质量，但偏偏这些摆不上台面的鸡毛蒜皮，最让人糟心。所以我不能假装很“直男”的样子嚷嚷：咋的啦？不就是几块钱的事儿吗？不就是几个水果的事儿吗？至于吗？你们女生啊……那样一定会招来大片的白眼。

但是必须先确认，她究竟是不是一个小气的同学？在你的感觉里当然是的，因为她的表现与你的预期不符。但这并不意味着她小气，很可能是她与你们的边界意识不同所致。什么是边界意识？简单说就是你我都是独立个体，都有独属于自己的、不可分享的部分，对于这个部分，彼此要懂得尊重而不可肆意越界。据说拥有良好的边界意识，是一个人成熟的样子。你那位“小气”的同学很可能比你和别的室友都成熟。

她的边界是这样的：室友之间的钱物关系尽量分割清楚，避免含糊。所以在零食水果问题上，她不会主动要别人的东西（是你们先问她要不要），也不主动分零食水果给别人。这符合她自己的边界感。所以，你让她买东西时她马上就要钱，她让你买东西时你也完全不必不好意思，应该直接伸出手道：“给钱!”她的做法是显得有点儿另类，同学熟人之间一般都是讲究人情客气的，会“不好意思”，其实边界感清晰也自有其可取之处。

通过你的简单描述，我其实是无法确认她是否真的小气。我的直觉告诉我，你们之间可能存在误会，破解的唯一方式是坦诚交流。人总是容易局限在自己的视线里，无端烦恼。如果有一个上帝视角，看到你在这边委屈难过、她在那边完全无感的一幕，是不是有些滑稽?

我还想借题发挥一下：如果你真的遇到了特别自私、小气的室友，怎么办?

做人嘛，要看得开，大方一点，不要计较，听起来都有道理，但都不痛不痒，且隐含着一个很令人不安的事实，即你的宽容大度，恰恰助长了对方的自私无度；又隐含着一个很令人不爽的判断，即明明你是吃亏的一方，但只要你“在乎”了，那么被视为心胸狭隘、小里小气、斤斤计较的人，反而是你。岂不是要吐一口老血？难怪郭德纲会说出这么狠的话：“不明白任何情况就劝你一定要大度的人，这种人你要离他远一点，因为雷劈他的时候会连累到你。”

不知道你有没有听过“上帝不奖励好孩子”这个故事？简述一下是这样的：6岁小女孩爱丽丝是一个好孩子，每天上床都很听话，她弟弟则总是哭闹，只有在得到一个苹果以后才肯上床。她打电话问儿童电台节目的心理学家：“为什么坏孩子可以得到苹果，而作为好孩子的我却得不到呢?”心理学家竟一时回答不了，直到三年以后，受到婚礼上一幕的启发才顿悟了，于是给出了那个著名的回答：“坏孩子得到了苹果，而你得到了上帝最好的礼物，就是一个更好的自己。”

第一次在喜马拉雅上听到这个故事时，我也颇为感动。但仔细一回味，总觉得这“最好的礼物”，其实就是一张“好人卡”。因为你是个好人，所以你不配得到没那么好的人所拥有的东西，而且“更好的自己”必须忍受憋屈，不争不抢，一旦想争点啥，甚至只想维护点啥，那么，“好人”的人设全面崩塌，你完了。

所以我不假装“直男”，我也不假装“圣人”，我知道你不是那个6岁小女孩，会因为一句“更好的自己”就能扫除心中所有阴霾。如果你真的遇到了自私小气的同学，你们之间又有些利害冲突，而且共同生活在一个狭小空间里，你又总是意难平，那我劝你不必一味迁就忍让，隐忍受气，让心理底线一再后退，既然你们的关系里长了一个脓包，那就必须趁早挑破，有脓液也得挤出来，否则定会毒化寝室氛围。所谓挑破，不过就是把账算利落了，把话说明白了，把边界分清楚了。挑破的后果是什么？不甚清楚，但一定不会比一直“闷”着“捂”着更糟。不做烂好人，让善良有点锋芒，这是保持一种健全关系的前提，也是让自己拥有健康身心的保证。

喝不惯“鸡汤”，那就不喝也罢。有的“鸡汤”香气扑鼻，味道里有一种古怪的魅惑力，很可能是因为里面放了点儿“精神的鸦片”。

但是，还是要说“但是”。

你不必做“圣母”或“绿茶”，你可以选择做一个计较得失不差分毫的“聪明人”，也可以做一个无论在道义上还是逻辑上都占尽优势的“厉害人”，但聪明和厉害或许能充分保障你的利益，却允诺不了你的幸福。“水至清则无鱼，人至察则无友”，没有包容力的世界是狭隘的。

如果你在琐碎之事上能做到神经大条一些、钝感一些，于你自己而言其实是一种幸运。以前我引用过乔布斯“stay foolish”的格言，对你也同样适用。傻一点，痴一点，憨一点，孱一点，难得糊涂一点，其实未必不是更“赚”一点。幸福，说到底就是要稍微傻一点才行，哪怕你的傻，被别人窃笑，但因为你傻，感受不到，或者无所谓。

说起来，谁又不是吃下一个又一个亏长大的呢？有明亏有暗亏，有大亏有小亏，有真亏有假亏。生活是充满辩证法的。有时候吃点小亏明亏，可以避免吃大亏暗亏，甚至还会有特别的收获。而自以为目光如炬、明察秋毫的人，看上去从不吃半点亏的人，可能正在吃或将要吃更大的亏。中国民间一直说“吃亏是福”，英国谚语“No pain, no gain”，也有这层意思吧。所以有时候在特定的人群中间，吃亏者与占便宜者（自私小气者）之间会形成一种很有意思的小生态，似乎存在一定程度的默契，一方因为占点小便宜而自喜，另一方则因为彰显大方而愉快，双方都有自己的需求。但再发展，则完全不同了，小气者的人缘慢慢败光，而大度者的人缘逐渐积累，格局日趋天差地别。谁才是最终的赢家，不言而喻。

回头再来看那一碗“上帝不奖励好孩子”的鸡汤，其实还算好喝。至少，它像一个情绪的按摩师，可以让你的心灵变得熨帖。

接受各种“吃相”，也做好教养的部分

有个性格跟自己差不多的同学应该是个值得庆幸的事情，可我却觉得是我最大的烦恼。不仅经常有人说“你们两个好像啊”，而且我跟谁关系好，她就一定要比我跟那个人关系更好。我不能让跟我关系好的人不要跟她说话，但是又觉得很生气，怎么办？

如果大家说某个人人追捧的明星跟你“两个好像啊”，性格像，样子像，你会不会觉得烦恼？恐怕你不会，反而会高兴。这是可以理解的虚荣心，再正常不过。这种“像”，令你的自我价值感得到了提升，自我感觉良好。

但是她性格像你，你却为何感到烦恼？

其实你对她的不喜欢，恰恰是源自对自己的不喜欢。你讨厌她身上那种跟你很像的性格，正是你自身也具有但下意识里想要抑制的东西。她的存在像一面镜子，让你从另一个角度清晰地看到了这种性格的不可爱。举个例子：如果我不喜欢甲吃饭时吧唧嘴，很可能是因为我本身也喜欢吧唧嘴，但是我抑制了这样的欲望以符合某种自我期待，可是甲没有抑制，这才令我不满。我们都食欲旺盛，但一个胃口很差的人，或许反而会欣赏甲的饕餮之状。

从她总想着要跟你的朋友关系更好这一点看，她是争强好胜的性格。你们性格很像，你显然也并非不争不抢的类型。她无所顾忌地闯入你的亲密关系之中，还一个劲儿地“吧唧嘴”，你也有去争去抢的冲动，也有“吧唧嘴”的欲望，但你在抑制这样的冲动和欲望以免吃相难看，所以很难受。用我们习惯的话来说，你们两个性格强势的人，本就容易进入所谓“犯冲”的境地，比“犯冲”更麻烦的是，你在收敛，在隐忍，而她肆无忌惮，浑然不觉，你又不是与世无争的天性，于是郁闷的只能是你。

这当然不公平，怎么办？

我觉得，你先得学会悦纳自己的性格。你跟她的性格都是争强好胜，那你就不要拗出“人淡如菊”的人设骗自己了。简单说，你要尊重自己的天性，接受自己的“吃相”。胃口好的人，想大口吃就大口吃（当然能不吧唧嘴还是别吧唧嘴），没必要一筷子挑半根面条地小口吃，那多憋屈啊！你的性格应该是不喜欢藏着掖着的吧？否则你跟那位同学性格未免也太不像了。你喜欢自己的性格，也就不会讨厌“镜子”里那个她的性格。你必须认识到，每种性格都有其可爱与不可爱之处。直率很好，但有时也伤人；含蓄很好，但有时也气闷；不争不抢挺好，但有时懦弱从众；争强好胜可以，但有时掠人之美……无论何种性格，每个人都只有先接纳下来，才不至于自我厌弃。然后，在接受的基础上，做出些微的调整，这就是适性教育，就是教养的部分。千万不要强拗自己的性格，“江山易改，本性难移”，哪怕性格上的微调，也需要“在事上磨、在人上磨”才行。我们经常说的“别扭”“拧巴”“纠结”往往来自要强行扭曲自己的个性，把自己整得“不像自己”。

接下来，我们来谈谈占有欲。

朋友之间是有一种较为微妙的占有欲的。这种占有欲在女生朋友之间更突出，而男生之间友情的闭环程度则要低一些。有位学者解释说这是因为男生友谊是“肩并肩”（side by side）的，而女生友谊则是“面对面”（face to face）的。“肩并肩”的关系允许其他人的加入，加入越多越感强大，而“面对面”的关系则较难容纳新成员，一旦有他人介入，原先形成的亲密感就会被稀释，甚至被破坏。你会因为女同学总要“插足”你与朋友之间而感到不爽，原因就在于此。

其实不只是身为中学生的你，无数成年的女性也为此而烦恼。“豆瓣”上有个“朋友之间占有欲”的话题，好多人参与其中。我大致归纳一下，针对“朋友跟别人玩不带我”“朋友与新朋友聊得欢不理我”这种状况，态度有以下几类：1. 很难过，莫名不开心，控制不了；2. 觉得自己独占欲太强，太作，太矫情，可能跟星座有关（据说天蝎座更容易“霸占”友谊，呵呵）；3. 以前很生气，被“虐”得多了也慢慢看淡了；4. 很怕被忽略，是自信心不足的表现；5. 钢铁直女的我完全无法理解为何要吃这种飞醋……

好了，估计看到这儿，你已经看出了关键：你的生气与她们有很大的不同，她们苦恼是因为好朋友把她们“抛出去”，你的苦恼是有个像你的同学要“挤进来”。相形之下，你并没有那么弱势。你的生气除了源自对该同学“又争又抢”并且不知顾忌这种性格的不满之外，还源自你内心的危机感，你担心跟你关系好的朋友被别人“占有”。

哪位同学想要示好你的朋友，哪怕“吃相”不好，也必须承认，那是她的权利。我认为你无论在行为上还是在心理上，都要接受这一点。不要去做“宣示主权”这样的事，也不要硬逼着你的朋友做选择题，那样只会让你自己更被动。但凡有一定质量的友情，既不是乞求来的，也不是靠“护食”维系的。即便是闺蜜之间，也仍然是开放的，彼此都需要给对方留出发展新朋友的空间。你可以在你朋友这里略微提一下你的隐忧，如果她能懂得，并且把握好与你同学说话的分寸，那你就不要太过介怀，否则她会因为压力大而感到与你相交太心累，反而疏远起来。在这里，你尽可以让你自己的“吃相”好看一些，因为那是你的教养。

你得明白，哪怕高中时最好的朋友，到了大学以后也会有自己朝夕相处的室友，会有可以分享更多话题和兴趣的朋友，随着距离的扩大、学业线和事业线的分岔，朋友圈必定会发生更新，曾经无话不谈的朋友，也可能成为曾在你生命中路过的那么一个人。这是真的，中学时多少次在小径、在河边、在天台畅谈过人生憧憬和各种梦想的朋友同学，如今安在哉？

友情是一段接着一段的，能够相伴终身的朋友屈指可数。既然如此，对于此时此地可以面对面谈心的朋友，只要珍惜当下就好了，不必刻意守护。当你的人生行了一程又一程，路过的人换了一拨又一拨，你再回头张望时，或许会觉得这位与你性格很像的同学，能在此情此景中与你相遇，也是一种美好的缘分。

最后唱几句郁可唯的歌吧：“好朋友只是朋友，还是朋友，不能够占有。”真心祝你快乐！

发掘藏在缺点后面的亮点

不知为什么，班里总有一小部分人不认同我，其中还有我曾经最好的朋友，她们总是找我的茬。现在表面上我和她们还是“好朋友”，但相处时心里会不舒服。我一直在想自己究竟哪里做得不对，才导致目前这种状况。我不否认自己的脾气有点糟糕，难道真是因为这个？很想改掉自己的坏脾气，却不知道从哪里入手。希望您给我些建议。

朋友相处之道，无非是求同存异。享受彼此认同的地方，也要尊重不一样的地方。但如果“三观”实在差得太远，那就没必要非得往一起凑。朋友之间需要宽容，但靠容忍是维系不了朋友关系的，既然不认同，不妨大家客客气气、相安无事？但看得出来，班上貌似有不少人都对你有意见，好像有点“四面楚歌”似的，若果真如此，那你就需要反省一下自己。幸运的是，你已经在这么做了。

坏脾气是容易得罪人的，但它不至于让一个人受到集体性的排斥或反感。很多心直口快、疾恶如仇的人脾气都好不到哪里去，但身边却有一群死忠的朋友。每个人都有缺点，但我觉得每一个不太招人待见的缺点都应该有它的亮点。比如，一个人在朋友面前总是咄咄逼人，往往他（她）匹配了较好的判断力、表达力等；喜欢说一些大话，那至少代表他（她）有着超越平庸的意愿和自信；太爱表现和抢功，意味着他（她）也许会在某些人纷纷往后躲的场合站出来；哪怕酸溜溜的嫉妒心，也未尝不说明他（她）其实是个对自我有着较高要求的人……一个人有缺点没关系，要紧的是把埋藏在缺点后面的自身优势发掘出来。脾气有点糟糕，能改掉当然好，但要从“金刚怒目”改成“菩萨低眉”，短时期内不可能，没有经过时间的冲刷和世事的磨砺也不可能，装着装着就装不下去了。所以，重要的是让别人感受到，即使你脾气不太好，身上也还有很多值得肯定的优点。比如，你对于不公正、不公平的现象也有股子“泼劲儿”，你在维护自己好朋友的尊严时也很有“辣味儿”，你在对他人不耐烦的同时也能够出手相助……而不是相反。

只是我觉得，一些同学和朋友总是找你的茬，原因未必出在你的脾气上。如果你的脾气真的很臭，别人恐怕不见得会动辄找碴的，她们反而会躲你。所以，我觉得你还是应该跟你曾经最好的朋友聊聊，既然曾经好过，现在也没有撕破脸，有些话没必要藏在心里，直接问问就行了。否则，你的反思也容易跑偏呀。

你们都是青春少年，生命之水都还纯净着呢，清澈着呢，哪里有什么糟糕透顶的缺点啊？脾气不太好改，你不妨从养成一些更多靠后天修养的品质开始吧，如对同学多几分善意的理解、多照顾别人的感受，具体可以从一些细节做起：不抢话，不强辩，不得理不饶人，不是每句话都以“我”字打头，诸如此类。避短不如扬长，对你来说，所谓“扬长”就是要把藏在缺点后面的优点和亮点挖掘出来，发扬光大，让它们的光辉照彻阴影。

PART Ⅲ 后浪轻轻拍了拍前浪

塞林说：

书写的过程充满了温暖、沉静和耐心。把你的想法写成书信，把你的愿望用沉淀过、过滤掉不必要杂质的文字，告诉父母。

你什么时候可以真正令人放心呢？就是当你开始懂得为父母的安全担心的时候。

“妥协”两个字，听上去有些无奈，人的可悲之处在这里，但人的可贵之处也在这里。

父母可能没你想象的那么勇敢，但认㞞的背后却有一份对家庭的维护和周全。

父母可能没你希望的那么优秀，但在沦于平庸之前也未必没有过努力的挣扎和顾全的牺牲。

只要想抱怨，你永远能找到理由

> 我很不喜欢我的原生家庭。家人从不懂我。他们只会让我好好学习，将来找个好工作，烦不胜烦。爷爷奶奶的观念里房子最重要，天天讲怎么造房子，才能给他们一个面子。爸爸妈妈不注重培养我，别的同学都有些特长，可我只会读书。有时候想起来就会很自卑，很烦。他们说以后要靠我了，我又会很有压力。

从你使用“原生家庭”这个词，我猜你很可能读过或听过一些相关的内容。几乎所有人都在说：“原生家庭太重要了，它决定一个人能否终身幸福。”无数的公众号文章都在引用心理学家阿德勒的话“幸福的人用童年治愈一生，不幸的人用一生治愈童年”，用来说明我们的童年和家庭对人生有着决定性影响。其实，这种解释与阿德勒的思想是完全相悖的。阿德勒一直强调的都是：不要把我们的幸与不幸归因到童年、家庭这些因素上，一切都源自我们如何看待和解释过去的经历、对外在条件（原生家庭）的态度，如果你只是抱怨，那无非是把自己各方面的不顺心全部推到你无法改变的外部事实上，让自己的不幸“合理化”而已。比如，甲和乙两人从小的家庭环境都很糟糕，父母成天吵架，最后离婚了。甲长大后，但凡遇到点问题就认为是原生家庭的原因，从而觉得自己是不可能拥有幸福生活的，也就真的沉沦于不幸无法摆脱；但乙长大后，虽然不曾忘记原生家庭给他带来的伤害，但他不是抱怨和归罪，而是带着对温馨和谐的家庭氛围的强烈渴望和倍加珍惜，用心经营每一天，生活得很幸福。

态度决定一切。现在关于原生家庭的负面观点不少，我希望你不要只接受一些负面的暗示，被一些文章或讲座中的观点带到坑里去。

你家庭成员的想法从你的视角看来，的确是有些“无聊”的，但请相信他们几乎跟所有成年人或社会人差不多，都“不懂”孩子，都会不自觉地把很多愿望投射到孩子身上。这大概是因为“自私的基因”在作怪——如果长大以后有兴趣可以读读这本著作。明白了他们是把你看成自己基因的延续，你就不会有太多的抱怨和怪罪。你可以把他们的期望看成是一种无法自抑的爱，包括所有的唠叨和琐碎，包括说“以后要靠你了”这样的话，都可以理解为一种激励。

你只要记住这样一番话就可以了：千山万水走到最后，我们最终的负责对象，还是“自己”二字。因此，你当然没有理由去跟你的上一代比，或者为了符合上一代对你的想象而活。

最后多说两句。当一个人要怪另一个人的时候，他总能找到理由。比如，你怪父母不注重培养你，让你没有特长，可是你知道有多少孩子正在怪父母一味地想要培养他，逼着他学这个学那个吗？

所以，最好的解决办法就是：不抱怨，真正对“自己”二字负起责任来。

用最柔软的力量去击中人心

在我心中，青春应该是一个美好的时期。但进入初三的我在这个美好的时期却遇到了许多烦恼，感觉自己明明听父母的话，成绩进步了，可当试卷被父母看到时，又是一顿说教："怎么还是这么低？补课都在干什么？怎么这么不懂事？父母工作都这么辛苦，却还不好好读书？"一连串的提问，连给我喘口气的机会都没有，明明成绩进步了，明明努力学习了，每天都认真补课，却偏偏被贴上了"不懂事"的标签，与父母反驳时总是说我不懂事，别人家小孩似乎永远是最好的。我该怎样才能让父母看到我的认真呢？又如何和父母化解矛盾呢？

有一次我与凤凰卫视的编导一起参加一个活动，谈到为人父母者总是提出如你所描述的这种严苛的要求，他说了这么一番话：父母每天在孩子回家时都问"考了多少分""在班里、年级里、全校排第几名""为什么别人可以考得那么好而你却不行"诸如此类的问题，简直是太无理了！那么试问孩子是不是可以每天在父母下班后这么问："你今天赚了多少钱？""在部门里、单位里、整个城市里，你的薪资或奖金排在第几名？""为什么别人可以赚那么多而你却总是不行？"……当他支了这么一招后，全场哄笑！

笑声表明，这样的问题是荒唐的。可是来自家长的同样性质的质问和指责，却鲜有人意识到其荒谬。如果面对家长，我会告诉他们，请别再用“别人家的孩子”来施加不必要的压力了，万一孩子用“别人家的父母”来回敬你，你情何以堪？

心理学家说：语言有一种力量，你说孩子是什么，孩子就会成为什么。教育专家说：你说孩子行，不行也会变成行；你说孩子不行，行也会变成不行。就是这么神奇。

所以，我并不主张孩子去质问指责父母为什么赚的钱在人群中排不上号，请体谅他们碎了一地的玻璃心吧。不以毒攻毒、以恶制恶，不以其人之道还治其人之身，不用糟糕的逻辑去伤害辛辛苦苦的父母，这是我们更高明的地方，不是吗？

我有一个更好的建议，那就是，在沟通时，适当地借助文字的力量。

没错，你可以给父母写一封信。不是大声抗辩，不是肆意反驳，不是情绪激动时脱口而出的话，不是让双方谁也听不见、听不进去的话。

书写是一个理性化的过程，这时候没有气焰熏天，没有刺耳噪声。书写的过程充满了温暖、沉静和耐心。沸腾的感性和不可遏制的冲动，都消融在书写的文字里，消融在跨越时间和空间的距离中。书写过程中，自己的内心也在反省，书写不仅仅面对收信人，更是面对自我；不仅仅是一次表达，更是一次自我修养。“书信是沉默而延宕的独白，它是有待打开的可能性，更多呈现出抒情气质。”“书信具有绵长的韧性，始终敞开着阐释的空间，不断地在岁月里展开。”“书信是信奉安静的艺术。写信是对心灵噪音的排除，是对孤独时光的享受。”以上是我在一篇文章《遥远的书信》中的句子。我对于写信这一据说是“最后的古典事件”充满眷恋，也相信它依然拥有击中人心的柔软的力量。

收到书信的人，也会因为这一种形式的郑重，因为展读信件的仪式感，而收敛起自己的身心。他会在静静的阅读中，最充分地接收到写信人的信息，并且被带进一个温情氤氲的氛围。

把你的想法写成书信，把你的愿望用沉淀过、过滤掉不必要杂质的文字告诉父母。他们会有所触动的。不妨试试看吧！

阅读最好有一定的坡度

在我的印象里，青春本应是坐在床边，听着叽叽喳喳的鸟鸣，手捧小说，感受风的味道。但是，现在这个想法已经在我的脑海里化为一堆泡沫，每次打开课外书，都会被母亲的啰嗦和训斥打扰。按她的想法，读书就应该读课内推荐的名著，我很烦恼，这个想法真的是对的吗？

你有关青春的印象也太“偶像剧”了吧！青春，是有张力的。在带着紧张感的学习之余，偷得浮生半日闲，手捧一册不费脑力的书，听鸟鸣啁啾，看窗帘轻拂，不知不觉中日影悄移，暮色四起……可以有这样悠闲、惬意的文艺时刻，但估计不会太多。

我小时候，每次看小说时，大人也总说：“少看闲书！”他们以为读课本、做作业才是学习。其实阅读也是学习，甚至是更重要的学习。广泛阅读对一个人的心智发展极为重要，可以说一个人的精神发展史就是他的阅读史。我认为自己在写作方面的一点小小自信，几乎完全建立在大量阅读课外书的基础上。

阅读具有“立德”“塑魂”“强智”的意义。我们不能纠结于阅读“有用无用”的讨论，而是要深刻认识到阅读之“大用”。阅读可以凝练我们的格局和判断力，可以培养专注和定力。因为阅读，我们把生活变成一场无止境的修为，让心智得到激活，让想象力在辽阔之地游牧。退一步说，阅读对于狭义的学科学习其实也有极大的促进作用，众多教育专家、教学名师都强调，喜欢阅读、阅读能力强的学生，学业成绩都不会差。

对于母亲要你读课内推荐名著的做法，要辩证地看待。我是主张自主阅读更多一些的，但是如果你一直耽迷于读玄幻小说之类，那么母亲的话也该听一听，因为很多流行书在认知方面是没啥营养的，在审美方面也是比较粗糙，应浅尝辄止，不可沉迷。也就是说，我们的阅读也要追求一点品质，也要不断“升级”。进入中学以后，还要追求研究性阅读、有坡度的阅读，在领略阅读本身丰富“美味”的同时，要开始进入问题导向、任务驱动的探究性、研究性阅读，也可以称之为“啃读”“研读”。

此外，多说一句，很多阅读的时间其实是挤出来的。要把握住一些碎片化的时间阅读。欧阳修说读书要“马上”“枕上”“厕上”，其实我小时候比这个还过分，我除了功课以外还得做家务，所以不得不在灶前烧火时看书，可称“灶前”；我吃饭时也有看书的习惯，可称“饭间”。不过这样的习惯可能不健康，倒不必学，只想说明一点，想要阅读，就会努力挤出时间来。

阅读，是在钻探一个又一个思想的富矿，是在领略不同时代的智慧和情怀；正是阅读在塑造着我们，所以不是我们在读书，而是书在“读”我们。

也把这番话送给所有热爱阅读的同学！

你的情商可以比父母更高

我处于叛逆期，和爸妈交流有些困难，不说学习时是相亲相爱一家人，但一说学习就争论不休。我认为自己学习还不错，但总是达不到他们的要求，我该怎么办？

既然你提到了“叛逆期”，那我们就来稍微聊一下这个话题。

有学者用很激烈的语气指出，所谓的“叛逆期”是个伪命题。哪里有什么“青春期叛逆”？这不过是成人尤其是家长们伪造出来的一个概念，里面充满了成人的误解，甚至是诬蔑。只不过是孩子们开始自有主张，岂能称“叛”？只不过是两代人之间意见不合，岂能称“逆”？无论是“叛”还是“逆”，皆为大不是，都是很严重的指控，要接受严厉处罚——只不过，这样的指控都是以成人世界为中心发出的，它本身就是可疑的。

但我们很多人还是习惯于用这个概念，包括你。那就姑且用之吧。

你知道自己处于“叛逆期”，说明你“叛逆”的情况还不是太严重。我说过，青春像一辆呼啸而过的没有后视镜的跑车，我们在路边看得胆战心惊，但坐在车里的少年除了感到有点颠簸，全然不知道车速有多快多疯狂。因此我说要“给青春的跑车装上后视镜”。而你的跑车上显然有一副可以反观自己的后视镜，所以不会太疯狂。

你们谈到学习就争论不休，这样的事情也不稀奇，只要争论不失控即可。但如果你们的争论一直不是用心平气和的方式进行，而且从来没有谁做出过妥协、达成过一致，那么它就只是烦人的争吵，无效，而且伤感情，应尽量避免。

但我猜想你的父母是以一种“玩跷跷板”的心态在跟你争论的，即，感觉你有点满不在乎，自我要求不高，甚至有点自满，于是就要把你往下压一下；如果他们发现你一直很努力，会自我加压，在学习上会逼自己，那么反而就会“抬”你一下，帮你舒缓一下心理压力。你完全可以懂得这一切。你既知父母心意，也就没有必要“叛逆”了。表现出你“永不满足”的那一面，让他们放心即可，毕竟大家争来吵去没有任何意义，徒然损耗感情罢了。

保持努力其实是一个人的本分

我是一个随性的人，但用我妈的话就是没追求的人。说起来我真的没什么追求，我就想要平平淡淡的生活。但总听父母的话，难免有时会感到寂寞、委屈、无奈……

努力不但是一个人必须拥有的品质，而且也是生命本该具有的状态。《周易》说：“天行健，君子以自强不息。”宇宙本体不停运转，个体生命也一样不停生长。

“随性？”随什么性？人的天性就是努力生长！如果你不曾努力，本不会来到这个世界；如果你不保持努力，就没有机会看到更大的世界。

的确有人如你说的那样，“我就想要平平淡淡的生活”，殊不知“平平淡淡”的境界可不是那么容易达到的。我当然不鼓励一个人去争、去抢，尤其是去争夺各种各样的资源、权力、金钱、地位和名望，但哪怕简简单单的生存，也需要一个人葆有努力上进之心才可以做到。或许你现在衣食无忧，故以为这样的生活就是“平平淡淡”，其实不是的，你还没有学会如何自己挣一份生活呢。当生存的压力扑面而来，当你离开父母、离开这个家独自面对世界（总有一天会这样的），你觉得你准备好了吗？

有这样一对母子对话，儿子说：“妈妈，我注定是一个平庸的人，没法跟你和父亲比，你会失望吗？”妈妈的回答是：“对我最重要的，不是你是否有成就，而是你是否快乐。而决定你是否快乐的有两大要素，一是你的工作有没有给你意义，二是你的工作能不能给自己时间（自由）。所以呀，我不是要你争名争利，而是你得能真正找得到心灵的安适。要做到这一点，不努力也不行。”

你的妈妈不像上文的妈妈那样能把道理讲得那么体贴入微，但你要想想这句话：如何去做到“平平淡淡”？

我一直在说一句话：保持对美好的饥渴感。这份饥渴感是赋予生命以意义的，是让人生显得饱满而有张力的。没有追求，没有饥渴感，人其实如委弃于地的一摊烂泥。

现今好像很流行“佛系”，动不动就说什么“人间不值得”。对此我很不以为然。贩卖“佛系”的人自己其实都非常努力，比如那位被尊为佛系的代表李诞同学，他不停地写段子、策划节目、写书，难道不努力吗？连他自己都喊冤：“我从来没说我不努力！”所以呀，年轻人别被一些说辞忽悠了。要知道，比你聪明的人比你更努力，而你却在这里消费他的佛系，这真的没意思。

“保持善良，保持努力。”这是我极欣赏的一位特级教师俞正强提炼出来的“成长八字”，我觉得每个人都当持守终生。

把人身安全的护栏装在心里

我现在读初中，学校常有一些活动需要外出，而我的妈妈却因担心女孩容易遭到伤害而禁止我外出。我很苦恼，和她多次聊这个问题，无果，她只让我在家好好读书。可我不可能一直待在家里、远离社交圈啊。但我又无法改变我妈的观念，我不知道该怎么办。

新闻里经常报道一些孩子（尤其是女孩子）被伤害的坏消息，这很容易让父母的神经绷得紧紧的，因为担心，他们可能会过度保护，像你妈妈一样禁止女儿外出的父母大有人在。

对子女过度保护的后果显然是不好的。过度保护就是过度控制。控制欲的发作，表面上是爱子女，其实是爱自己，是为了满足自己的所谓“放心”，根本上是一种自私。因为不放心，而对孩子的任何事情都不放手，那只会削弱孩子未来独自面对陌生情境时的解决问题能力，成长过程中的风险反而会更大。难道父母能够一辈子守在孩子身边？不可能的。而且，你不能把一个人一直绑在身边，然后某一天解开他身上的绳索，却希望他能健步如飞。

我很佩服的朱永春老师曾说：不冒一点险的教育，恰恰是最危险的教育。你的妈妈显然没有认识到这一点。

功勋教师徐锦生所在的学校里，有一个小水池，池水不深，池边也没有护栏。很多人劝他，赶紧装上护栏，或者干脆把水池填平了吧，以防万一，安全大于天啊！徐锦生的回答是，安全护栏不是装在池边的，而是装在心里的。这个世界上没有绝对安全的地方，千防万防都防不住意识里的疏漏。孩子们以后离开校园，独自置身于陌生的环境里，必然会面临各种各样的风险，水域无限，水深莫测，他必须要在心里装上安全的防护栏杆才行。而建立安全防范意识的第一步，就从这个没有护栏的小水池开始。

但我跟你说这些话好像意义不大。如果你拿这番话跟父母去交流，估计他们也是听不进去的。要改变父母的想法太难太难，我觉得，要让妈妈给你更多的活动权限，办法只有一个，那就是在日常生活中的方方面面都慢慢让她意识到，你是真的懂得保护自己的，心里有数，行为也靠谱，也就是说，你有着安全方面的高度自觉，是值得相信的，是真的长大了。

你可能得先自我审视一番：我是不是神经大条？是不是有点马大哈？是不是容易轻信别人？是不是在心智上还比较幼稚？是不是缺乏主见？是不是分辨不清善恶？是不是对熟人和陌生人都缺乏必要的边界？是不是不懂得拒绝？是不是还有一颗粉红童话心？是不是迷恋、向往影视作品中某些“浪漫”的桥段，却不知道在现实中是危机四伏的？……如果多少有一点，那就得学着改变。另外，即便没有机会外出，在家里也能先学着管好自己，包括独自在家时能安排好一切，有自制力，在谈论一些事情（如见网友之类）时表达正确的态度，等等。总之，你值得信任的空间有多大，你获得自由的空间就有多大。

最后我要强调的是，无论父母现在如何管束你，出发点都是为了保护你的人身安全。你还未成年，阅历尚浅，对于世事之险恶、人性之诡诈的一面可能并没有深刻的认识，尤其对于“熟人”关系中的风险缺乏必要的警觉和防范，有时候，你以为的安全只是“你以为”，看似风平浪静的水面底下可能暗潮涌动，都觉得人畜无害的社交场景可能演变成某种不可控的局面……切记！所谓“意外”，必定发生在预先的设想、计划和想象之外；所谓“万一”，总是出在那些几乎百分之百可靠而周全的环节！而人身安全，是绝对不容许有“意外”和“万一”发生的！所以，倘若你的父母对你管得过严过紧，也请你多予理解。如果你已经答应父母的事，就应该不打折扣地去践行，不能随便因为某个理由而改变，也不能放松人身安全这根弦。

你什么时候可以真正令人放心呢？就是当你开始懂得为父母的安全担心的时候。

妥协，恰是为了更好的坚持

不知道一个孩子三天两头被自己家人打击、质疑、否定是什么样的感受。他们口口声声说所做的一切都是为了我好，无论我取得怎样的进步与成就都听不到一句表扬的话。如果我有半句反驳，就会被骂得狗血淋头。

家人每天拿身边的同学跟我做比较，关键是我跟那些在学校里天天混日子的人究竟有什么可比性？他们都知道我喜欢下厨，关于我的烹饪爱好还登上过杂志，家人有时也会夸赞我的厨艺，但更多时候却狠狠地斥责我不要再自己做饭。

每天被训斥完，我的心情总是糟糕透了。他们不让我玩手机，我手机从来都是放在家里或老师那儿。使用手机丝毫没有影响到我的学习，反而为我参加各类比赛、发表作品提供了很大帮助。

我在学校里得到了同学和老师的欣赏，而这仅有的一丝自豪感也在这个家里被无情地踏碎，还有来自他们沉重的压力，压得我喘不过气。

父母往往是这样的，哪怕比较开明，也大多希望孩子能够走一条“高知”路线，那就意味着孩子要在标准化的学业赛道上与“别人家的孩子”

比拼。在他们眼里，除了你的学习成绩和升学，似乎再没有重要的东西了。厨艺好算什么呢？只是做饭而已，做得再好也感觉不高级，也是“下品”，不够“高端”，只是“小技”，不算“正道”。父母自己比较“高”的，就要孩子复制自己的所谓“成功”；父母自己比较“低”的，就要孩子躲开自己的命运，以补偿自己的所谓“失败”。你是否学到了真知，你真实的兴趣在哪里，他们是无所谓的，重要的是考上一个好大学，他们就心满意足了。这种意识深深地积淀在很多人心底最深处，它是多么顽固啊，岂是几句话、几个例子就能祛除考上名校、走上人生巅峰的执念？我早就放弃了通过写文章和辩论来改变别人观念的想法，那真的很愚蠢。

但我不能鼓励你跟父母“正面刚”，那样做的后果一定更糟。就如你自己说的，如有半句反驳，就会被骂得狗血淋头。很多人奇怪为什么我一直推崇“教育是柔软的”，他们总以为“硬”比“软”好，“死磕”比“妥协”好，“霸气”比“认㞞”好，其实不然。柔软和妥协是教育这桩事情上最宝贵的内核。具体就不展开了，总之，懂得柔软和妥协，不但是包括父母老师在内的教育者为达到育人效果应该掌握的艺术，也是年轻气盛的少年为了实现自己最为珍视的理想和目标所需要拥有的心智。“妥协”两个字，听上去有些无奈，人的可悲之处在这里，但人的可贵之处也在这里。

我只能劝你尽可能在学业与兴趣之间找平衡，并且让家人看到你为了他们的期望所付出的努力，也让他们看到你因为发挥了兴趣特长而获得的成就感。你要让家人知道，他们的鼓励和欣赏对你很重要，但你更要让他们知道，你不是指望着听好话而活着的，不想因为夸赞或斥责而扭曲自我，不想让自己变成一个讨好型人格的人。你会有所妥协，懂得照顾甚至顺从家人感受，但在心里该有的坚持一点也不能含糊。

一曲《追梦赤子心》，听得无数少年热血沸腾，最后两句“为了心中的美好，不妥协直到变老”，听来让人荡气回肠。这里的“不妥协”就是指一种坚持理想的态度。

还是忍不住举一下林书豪的例子。他称得上是华人里闯进NBA的成功者。他从少年时就一直怀着进NBA打篮球的梦想，中学阶段也取得了相当不错的成绩。但他的妈妈是个典型的东方虎妈，知道他爱打球，也打得好，仍然是坚持功课最重要，“只要先把书读好，你要打多少球都没有关系，但是如果你的成绩退步，我们就要调整你打球的时间”。有一次他妈妈甚至打电话威胁高中篮球教练，因为林书豪这次学业成绩得了A-，如果没达到A，她就会要求儿子退出篮球队！林书豪后来当然是考上了哈佛大学，然后又遵从自己的内心闯荡NBA，在经历落选、被裁等低谷后，迎来了“林疯狂”的高光时刻。

我觉得林书豪及其家庭带来的启示有：一、家人之间达成理解，尊重彼此的愿望，达成理性的“契约”，而不是充斥着责骂和怨怼；二、面对虎妈可以有妥协，比如努力提升学业成绩，与此同时，也可以而且应该坚持自己的初心。

诗和远方，始于足下

我很烦恼，很讨厌我的家人。有一次游泳，我尽自己最大的努力游了三个100米，我告诉我妈，原以为她会夸我，可她说：“你好没用。”不管怎样我永远都达不到父母的期望，他们希望未来的我能赚很多钱，能做一名医生，但这都不是我想要的，他们永远都不知道我的愿望是什么。

虽然我不建议你用“讨厌”这样的字眼来描述与家人的关系，但我相信你当下的烦恼是真实的。在你的认知系统里，你已经觉得自己为了满足父母的期望做了很多，甚至扭曲了自己的愿望，可以说付出了巨大的“牺牲”，可偏偏这样的“牺牲”还换不来一句夸奖，心里该有多么失望！

如果面对你的父母，我会有很多话说。浓缩起来就是著名心理学家张春兴教授在《教育心理学》里提到的三点：第一，你对孩子的要求，是他做得到的；第二，你对孩子的关爱，是他所需要的；第三，你对孩子的奖惩，是他所理解的。

很遗憾，你的父母跟无数家长一样，都做不到这三点。你尽力游泳，妈妈却说你“没用”；你有自己的愿望，但家人却完全无视；你以为会被点赞，得到的却是差评……我几乎可以极其清晰地读懂你妈妈的心迹，当她对你说“好没用”时，她显然因为你被“别人家的孩子”比下去了而品尝着虐心的滋味；至于家人对你未来有着怎样的希望和规划，那也是从他们的骨子里长出来的，是由他们的人生经验、思维方式和价值观所决定的。所以我要老实地告诉你，想要改变父母的想法，几乎是一个不可能的任务。我写过一本书叫《你是孩子的起跑线，也是孩子的天花板》，有人问我何为“起跑线”，何为“天花板”？我说两者几乎是一回事，但要说区别，简单而言，“起跑线”就是一个孩子原生家庭的健康指数（包括夫妻关系是否正常、家庭氛围是否良好、亲子陪伴是否恰当等），“天花板”就是身为父母者所拥有的视野和格局是否开阔，他们的思维方式是否通达，心智是否成熟，价值观是否健全等。父母的想法必须经由一定的契机，让他们自己发生转变。他们必须学会教育自己，懂得教育孩子就像苏霍姆林斯基说的那样是自我教育，懂得教育孩子是一场永不停止的修行……

基于此，我对你的建议是：不要与父母“硬刚”。正面对抗，除了让家里“鸡飞狗跳”之外，没有什么实际意义。父母活到这把年纪，他们的经验、思维方式和价值观该有多么顽固，哪里是吵嚷几句就能松动的。《小欢喜》里董文洁算是够阳光洒脱的了，情商也一流，但她一听儿子成绩其实并没有进步，马上就把他拖到了培训机构，儿子激烈反抗，结果造成了家庭的低气压，最后还不是儿子去主动道歉？道歉缓和了关系，其中还少不了那个“猫爸”的调和之功。

慢慢习惯对夸奖“脱敏”。人在成长中有一个阶段比较依赖于父母老师的认可和奖赏，并且依据这样的认可来做选择，力图让自己成为一个“好孩子”。我们承认一个人终身都有对于来自他人的认同和奖赏的渴望，但随着慢慢长大却要学会摆脱这样的依赖，也就是“不活在别人的脸色里”。比如你尽最大努力游了三个100米，自己感觉不错，觉得对得起自己了，那就是对自己的奖赏。你不必问父母“讨”鼓励，相反，即便你心里挺美，但如果你自己说上一句“嗨，还差得远呢”，说不定父母反而会安慰道：“还不错啦！”大多数父母都是玩“跷跷板”的高手，看到哪头翘起来了，就会把哪头摁下去，反之则会抬一下。

要学会清楚地表达自己的愿望。你说家人不知道你的愿望是什么，你在来信里也不曾说起，所以我也不知。你要允许父母有他们设定的期望，你不能停留在仅仅表达“什么不是我想要的”，还要表明“什么是我想要的”。比如音乐人罗大佑整个家族几乎都是学医、从医的，家人当然希望他也能走这条路。罗大佑很清楚自己的梦想是音乐，但他前期并不是很有底气，所以还是听从了家人的意见去做医生。然而他并没有放下音乐梦，在时机成熟时果断转行，全身心投入音乐。

要为实现自己的愿望去努力，并且让家人感到前路光明。说到底，父母所做的一切（不管是不是有角色错位、权力越位），是为了你的未来打算。不是有这么一句话吗？“父母之爱子，则为之计深远。”他们总是希望你未来的路能走顺、走远、走好。如果你为了梦想所做的一切，是让他们放心的，他们则没有理由不放手。糟糕的情形可能是这样的，即嘴上说着愿望、梦想，所行之事却完全不靠谱。那你如何要求父母来理解你、支持你？

所以在信的最后，我给你讲一个真实的故事吧。多年前，有一个少年，中学毕业后闲在家里。他每天除了玩玩游戏之外，就是表达要出门闯荡一番的雄心。外面的世界很精彩嘛！后来父母终于找到一个可靠的乡亲，请他带着少年远赴西南省份做生意。临行前的那天晚上，母亲半夜起来，发现少年竟然还没睡觉，以为他在做什么准备，开门一看，原来还在闷着头熬夜玩游戏！结果，父母临时取消了他第二天出门远行的计划。母亲说，儿子完全没有做好面对未来挑战的准备，他的愿望和梦想，都只是在云端飘着，是空的。这个少年，就是我的弟弟。

没错，生活不只是眼前的苟且，还有诗和远方的田野。而诗和远方，不只是歌里哼唱的优美旋律，更是脚下踩出的每一个脚印。

让你妈妈“胜利”一回

上小学时我有几个好朋友，我们同校但不同班，有时会联系。过几天是其中一个朋友的生日，她要办个聚会，邀请我参加，但妈妈考虑到她曾经谈过恋爱（现在已经和男朋友分手了），就不怎么愿意让我去。我告诉妈妈我真的很想去，最后妈妈同意了。以前有过类似情况，妈妈先不同意，我软磨硬泡后她会勉强同意，但她总会在我聚会回家后，对我发脾气。所以我很苦恼，请问我该不该去？

你读到我的答复时，这一回的“该不该去”早就不是问题了。你只是惶惑于妈妈的态度，不知道以后遇到同样的情况该怎么办。我想我们可以试着一起来“读懂”你妈妈的心迹，然后再确定你的应对方式。

你妈妈肯定不反对你交朋友，如果你一个好朋友都没有，她反而会着急，担心你太孤僻。但她会对你与什么样的人交往感到紧张，跟很多妈妈一样，她希望你交往的都是她心目中的优秀学生，心思纯净，一心向学，教养良好，成绩上佳。这里有她的“私心”，但也可以理解。俗话说“近朱者赤，近墨者黑”，你们都处在“易感染”的年纪，在言语行事方式上特别会互相效仿和影响，你妈妈是生怕你“学坏了”，所以不太敢放你出去。只是如果总拿这样的尺子去找朋友，那可交往的对象就寥寥无几了。

那么，她为何总是在你参加完聚会回家后大发脾气？我猜测最大的可能是：她对自己对你的妥协深感不满。她本来有自己的原则，但在你的软磨硬泡下软化了。勉强同意你出去以后，她却多有不安，悔意像虫子反噬内心，并且在你回来之前一直折磨着她。举个不太恰当的例子，这就像有的书痴本不想出借某书，但架不住对方一再恳求借出去了，随后就是抓心挠肺一刻不得安宁。所以当你回家以后，她就要发泄一通来补偿或平衡自己因为妥协和软弱而受的煎熬，来缓释自己下意识层面积聚的焦虑和不安——尤其是当她发现你竟然无知无觉、没心没肺的时候更易发作。

怎么办呢？你也应该试着让你妈妈“胜利”一回。比如你哪天提出想参加朋友聚会，妈妈不同意，你假意争取一番后不妨就依了她。这一回她心气顺了，你老老实实待在家里了，多少有点委屈，她可能还会好言安慰你。可是，且慢！这会不会成为一种新的习惯，以至于你以后再也参加不了朋友聚会了呢？应该不会，我说过，如果你真没朋友了她反而会着急，她只是还掂量不清楚你在多大程度上会受到“不良”影响。因此，在你妥协以后，在她心平气和并且还对你有一点歉疚的时候，你可以跟她好好沟通，从理解她的顾虑出发谈谈自己的想法，比如你的朋友虽然曾经恋爱但其实身上有很多优点；比如倘若妈妈把自己保护得太好，那么自己真要独立的时候也许会茫然无措……这样的沟通，其重点并不在于说服你妈妈，而是借此让你妈妈明白：你是个心里有谱的女孩！其实你的顺从本身就已经让她产生你“更懂事儿了”的感觉。

天下父母，此一心理是相似的：你表现得越幼稚，我越不敢放手；你越懂事，我就越放心。直到有一天，不是我们牵着你，而是你来牵着我们的手。

冲突的解决之道，在审美之外

我是住校生，最近，妈妈说给我买了一双新球鞋。本来我还挺开心的，但是周末回家看到鞋子的时候，我整个人都傻了。这双鞋子是抄袭阿迪达斯的贝壳头设计的。

我们家经济条件不好，我还有个弟弟，爸妈手头拮据，所以我对鞋子没有什么要求，好穿就行，前提是一定要原创，我对高仿和抄袭是绝对抵制的。

所以，我和妈妈说让她退货。可她说这是认识的人介绍买的，不能退货，让我将就着穿。我不愿意，她就一直说我不知福、白眼狼、好吃懒做……我和她说这是抄袭的，她对名牌也不了解，只说没什么要紧的。

我很难过，不只是因为这双鞋的事。她总是这样自作主张给我买衣服、买鞋子，我不喜欢，就要骂我，完全不考虑我的想法。

你跟你妈妈之间因为一双鞋引发的问题，其实源自代际“审美的冲突”。

比如，你的父母一辈（应该是“70后”“80后”吧）不太能接受开着弹幕看剧，但“90后”“00后”则无弹幕不欢，父母喜欢的是视觉上的清爽，你们追求的是共同在场的欢乐。比如，你的父母一辈可能完全无法理解扔掉孩子的手办有什么大不了，但“90后”“00后”则“完全不能忍”，看看日剧《非自然死亡》里，当那个妻子扔掉丈夫收藏多年的手办时，一大波弹幕涌上来，全都是“别的可以忍，扔掉手办太过分了”之类的愤怒声讨。比如，父母一辈好多还舍不得为一个VIP会员充值，反正看看大路货也挺好，但据说“90后”“00后”已经很习惯知识付费，他们也更尊重规则，欣赏个性，崇尚原创，喜欢“设计感”……

你不喜欢山寨版的鞋子，因为它是抄袭的、仿制的，而不是原创的。果然，你有着“00后”的审美口味。我很理解你。

我理解你所坚持的是自己的审美，或者说是属于你这一代人的形式感。你不是一定要名牌，你只是拒绝假名牌。

但很遗憾，你妈妈更信奉的是经济的角度，是道德品性的维度。她以为你嫌弃高仿是因为名牌正品更贵，她因为你审美上的执着而给你贴上“不知福”“贪图享受”这样的标签，并且深信不疑。

审美上的冲突有时候更无解。如果我是一个编剧，会让戏怎么往下演？

你知道最乏味的戏就是从头到尾讲道理，有再多的金句也救不了它。一个人叨叨地说半天，另一个人就大彻大悟、心悦诚服了？再配上点煽情的音乐，刚才还剑拔弩张的两个人甚至都可以拥抱对泣了？可是在现实的生活中，除了讲一些很“水”的片儿汤话或鸡汤话，倘若真要学着编剧的样儿，强行设计一些桥段，激化矛盾、设计悬念、制造惊吓（惊喜）、暴击灵魂，最后幡然醒悟或突然善解人意，曲终奏雅了……那一定很狗血。

所以，还是得说上一句最老套的话：如果你想达成所愿，只能是与妈妈好好沟通。

但你不能指责妈妈的审美不行。在她的世界里，她一定是最理直气壮、最无可争辩的。美学上有一句话，叫“趣味无争辩”，就是说谁也别觉得自己的审美趣味特别高端而别人的就特别低级。尤其在家庭成员之间，尽量不要争论审美上的事儿，拗不过来的。再说了，你妈妈压根儿不认为这是个审美上的问题，而主要是你不知福、吹毛求疵的“品性”问题。你跟她谈审美，话语体系不同，相当于鸡同鸭讲，只会让她更“鄙视”你。

你甚至都没办法跟她说在设计上抄袭名牌其实算是一种“偷”，估计她会用一种异样的眼光看着你，觉得这孩子读书读傻了。所以不但审美上没法争论，价值观上也很难说服。在家庭里，你肯定是处于弱势的，没办法。

你可能只能顺着你妈妈所信奉的那个经济的角度、品性的角度来解决问题。你可以迂回地抵制那双高仿的抄袭的鞋子。你对妈妈说，你嫌它贵，你觉得它不值，不如退掉，换回一双便宜点的，哪怕是一双普通鞋子也挺好。也许退掉这双山寨鞋，你可以买回两双回力鞋。

或许，这样的办法也可以改变她一贯自作主张的习惯。凡是她买回来的你不喜欢的衣服鞋子，你一概嫌太贵，说是不值。你可以自己选一些价格相仿或更便宜的衣服鞋子，这样她应该不至于骂你吧。但说实话，是不是管用，我心里一点底也没有。如果一切无用，那只能找个合适的时机对她说：“妈妈，请问你有年轻过吗？你读中学的时候，是不是也爱美、爱漂亮？是不是也曾经有过自己的坚持、自己的讲究？而这样的坚持和讲究与当时家境是否富裕有关吗？”

穿喜欢的鞋，走自己的路，这是青春的权利啊！

你与亲人就是一个“命运共同体”

“宅”家一个多月，最近，春暖花开，疫情有所缓解。

@鱼鸟徐徐：疫情什么时候结束？宅家都快闷死了，我们去看电影吧！

@流浪的喵喵：从家里阳台看出去，奶茶店、蛋糕店、鸭脖店都开门了，街上行人也多了，我也想出去喝奶茶、吃蛋糕！

@一朵菌：准备周末外出，一起爬山、聚餐。

可望而不可即，会构成最强大的吸引。远处的芳草萋萋，自在盛放却无人赏的樱花，偶尔飘到耳边的音乐，若有若无的一缕奶茶香，以及所有只能惊鸿一瞥的世间胜景，都对人有着特别的诱惑。

一位哲人说过，有些已成为生活自然条件的东西，只有在你失去以后，才会意识到它们是多么值得珍惜。比如，自由地走在路上，呼吸着清新的空气，放心穿过如潮的人流，随便走进一家香气四溢的店，排队等候属于自己的美食……这些以往唾手可得的日常，在过去的那段时间却变得无比奢侈。

现在情况总算开始好起来了，就像一位同学说的那样，从家里阳台望出去，一些店都重新开业了。而我们也快按捺不住雀跃的心情，迫不及待想重温热气腾腾的人间烟火气了。

但大家都知道，现在还不到尽情释放被压抑已久的情感的时候。我们还无法完全解禁身心放飞自我。偶尔，可以戴好口罩，到一些人少的地方逛逛，尽可能不扎堆地买点东西。或者，学着卢梭做一个旷野里的漫游者，学着梭罗做一个无人地带的沉思者。但像约起来聚个餐、看个电影、到人群里挤一挤、与小伙伴笑闹一场，这样的事情还做不了。道理不用多说。

其实现在“外面的世界”并不精彩。寥寥几家外卖店，区区几个“蒙面人”，有什么好吃的好玩的？我们只是因为在家里闷得实在太久了，所以才把这平庸的场景看成诱惑。再说了，即便人到了外面，脸上要有包裹，心里仍有设防，无处领略、无法参与世界的热闹与繁华，也不可能有人与人之间酣畅淋漓的相聚和交流，那“出去”又有多大意思呢？

所以，还不如继续踏踏实实地宅在家里，直到每一个城市确实都摁下了重启键，直到，不但春暖花开，而且车水马龙人声鼎沸，人人心境坦然。

长期宅在家里，难免会郁闷、烦躁，还会心生孤独感。一个人对于被迫置身于一种“不自由”境地的应对办法，除了努力适应它，还得有点主动性。怎么说呢？在相对封闭的生活里，也能让自己的生活变得精彩，那是一种能力。换句话说，要做就做个有质量的、真正不负韶华的“高级宅”“深度宅”“技术宅”。

现在虽然“禁足”在家，但同学们的学习进程早就已经启动了，上网课、做作业，其实偷不到浮生多少闲。在可以自由支配的有限时间里，给自己多一点心智发育、生命成长的机会吧，善于从平凡生活的每一道皱褶里发现生活的百般味道——而这平凡的味道也是无数最美的逆行者、生命的守望者付出巨大代价才换来的，就别总惦记着出去体验那还没有沸腾起来的街头生活了。

许多老师都提过不少好建议，大多是：多读点书，多看几部好电影，多做一点家务（做菜），多做一些规划，多做有氧运动，多从疫情中思考社会和生命……诸如此类。

@鱼鸟徐徐：看电影何必去影院？在家里也可以。再说现在电影院都没开门哪。

@流浪的喵喵：想喝奶茶，想吃蛋糕？可不可以自己学着做做？深宅时光可是让自己拥有一两项硬核能力的好机会。

还有，可以学着管理一下家庭生活。别小看了管家，很锻炼人的筹划能力、整合能力、协调能力、执行能力，等等，从中同学们也可以体会一下家长没那么好当。马尔克斯的名著《霍乱时期的爱情》里，那位女主人向丈夫要求的生日礼物是啥？——让丈夫管一天家。

还有，这段时间无法跟同学朋友相聚，不妨做一点“孤独练习”。人总是要学会独处的，正如有人戏言，哪怕好友列表三千，也会孤独得像条狗。今天的独处其实也没那么难，因为即时通信工具可以让天涯成为咫尺，真的有什么苦恼想倾诉、有什么快乐要分享，一点技术难度也没有。

这个漫长的“假期”真的令人心生太多感慨，它能带给我们什么，在我们心里留下什么样的刻痕，那可能是另一个主题，我就不在这里展开了。

有一点是确定无疑的，那就是，在这一段非常时光里，你与父母家人带着点焦虑、带着点忧心的相伴，是弥足珍贵的。请相信我，这很可能是你这一辈子自懂事以来，与父母之间最长久的、最高密度的彼此陪伴。你们就是一个小小的命运共同体，共同面对压力，共同面对不确定性，互相依赖，一起感动，同心祈求……这就是亲人的感觉吧。而这样的时光很快就会结束，所以，请好好珍惜。

爸妈的油腻，是成年人的不得已

我对现在的生活有一点迷茫，我的爸妈平常从来不管我，有时候心血来潮会问我作业做了没。我考得好，他们就会夸大其词向别人炫耀，显得自己教育得有多么好；而对家中学习不好的又懒的孩子，他们就在外人面前不断贬低，说他们就是这样了，教不好的，可实际上他们从来没有教育过我们。

爸爸和妈妈总是说自己很穷，可哪次晚饭不都是大鱼大肉呢？他们花了几十万去修房子，可给孩子交几千块的学费就心痛。当别人来要账的时候，他们总说供孩子读书不容易，花销大，还不起钱。

作为他们的孩子，我们假借读书被养得“白白胖胖”，没有像别人一样经历过、锻炼过。我们从小被关在家里，而他们自己出去逛街购物或者和朋友出去玩，当时还小的我就被锁在家里看一整天动画片。直到现在，我都不轻易和同学说话，不善交际。

前年我转回老家读高一，每天和手机一起待到凌晨，再疲惫地睡去。他们偶尔会和我通个电话，通常也不是关心我，不过是让我拿钱去应付老家的人情，有时候会附上一句作业做好了没。

真的好讨厌这样的自己，渴望拥有别人的身份和别人的生活。

读到你的来信，我心里发出一声叹息。不知你是从哪一年开始，萌生了对于自己生命中“重要他人”的不满和反感。

我试着来理解你，因为我相信你的情绪和感受是真实的。进入中学以后，那个天真烂漫、曾经与父母亲昵无间的自己已渐行渐远，你开始拥有边界感，自觉地与那个几乎与父母一体的萌娃疏离了。但你又并没有成年，所形成的一些思想和价值观其实是比较幼稚的，有时候也是狭隘、偏颇的，而你却用它来评价和衡量成人世界，所以总觉得自己与周围环境和成人行事方式格格不入，尤其容易对离你最近、朝夕相处的父母心生无名嫌隙，什么都看不惯，哪儿都不顺眼。面对这样的孩子，父母会感到困惑，觉得你是在“无事生非”，有点“莫名其妙”。而在家庭之中，无事生非才是“大非”，莫名其妙才是“不妙”，麻烦和矛盾不太好化解，因为你此时对于父母怀着的是整体性的排斥，是全方位的轻蔑。事实上，无论他们怎么做，你都可能不会满意。除了惶惑不安，他们几乎没有办法。我不禁为你的父母感到一丝难过。

这样的情况在每个少年身上或多或少存在。有人称之为“青春期叛逆”，有人说是“中二病发作”，指的都是一回事儿。但我不想给你贴上这样的标签，因为贴标签会产生一种不好的心理暗示：你会下意识地让自己的思维和行为去满足、吻合“标签”的规定，从而越来越“叛逆”，越来越“中二”。这就是所谓的“贴标签效应”。“叛逆”也好，“中二”也罢，都与“自我意识过剩”有关，说白了，就是以自我为中心，比较自以为是，“我是万物的尺度”。我可不希望一个喜欢苛责他人的少年，从不对自己的思想和行为做任何反思，却喜欢拿那个“标签”作为免责的挡箭牌：“我这不是‘叛逆’吗？不是‘中二’吗？怎么啦？我也没办法！”

跟天底下所有父母一样，你的父母身上一定有问题。你对父母的描述，其实可以用一个词来概括，就是“油腻”。油腻招人厌，但如果你的父母真的像朴树一样少年感十足，那压根儿连你都不会有。

他们可能没你想象的那么勇敢，但认㞞的背后却有一份对于家庭的维护和周全；他们可能没你希望的那么优秀，但在沦于平庸之前也未必没有过努力的挣扎和顾全的牺牲。只是，这些付出你不会看到。他们可能也做不到很自律，偶尔会偷懒会吹牛，甚至变得越来越油腻，但这其实不过是亿万拖家带口的“前浪”们的日常。你也可以说这都是在找借口，没错，就是借口，长大后你会明白，借口里有对于不完美自我的原谅和接纳，有让自己和家人大抵平顺地生活下去的理由。

所以，请不要总是用过于单一、偏狭的眼光看待自己的父母，不要总是从负面看本来就是有多维度、多剖面的事情，生活中那些让你无法忍受的东西，也许还会呈现出全新的意义。

比如，你爸妈平时不管你，只偶尔过问作业情况，你对此很反感。但你可能不知道，同样有大量的孩子反感父母把他们管得死死的，一碰面就问作业做好了吗，考试怎么样。也许你该庆幸自己的父母控制欲没那么强，不像唐僧那么啰唆，还动不动对着你念上一番紧箍咒。

比如，你成绩考得好，父母就向别人炫耀，你也很不满。但你知道吗？有不少中学生给我写信时倾诉的苦恼是，无论他们考得多好，父母都是不满意的，几乎从来没有夸赞过，搞得自己一点成就感都没有。

比如，父母“贬低”家中学习不好的孩子，你显然也颇有意见。不过在我看来，他们在外人面前贬低固然不好，但好像也没有不切实际地硬逼孩子，让你们死磕，甚至施加各种语言甚至身体暴力，弄得家里鸡飞狗跳。他们说“就是这样了”的时候，心里虽有失望和无奈，但何尝没有一种“放过孩子也放过自己”的坦然接受？

比如，你吐槽父母说自己“穷”却每晚大鱼大肉，花几十万装修却为几千元学费心痛云云。抱歉，原谅我看到这里时很不厚道地笑了一下。你想说的大概是他们心口不一、言不由衷，在你“纯洁”的眼神看来的确如此，但如果你懂得了成年人有虚有实、半真半假的语境，就不会这么较真了。父母说自己“穷”，说花销大，其实跟游戏玩家说自己是个“青铜”、股民自嘲是“韭菜”、网民自称“吃瓜群众”，是一回事。今天大多数人说的“穷”，早不再是指食不果腹了，跟晚餐是否有鱼有肉也没多大关系。

被父母养得“白白胖胖”，从小缺少历练，以致不会交际，对此你也颇有怨怼。我承认你的父母在孩子的养育问题上存在欠缺，主要表现为两点：一是俗称的“保护得太好”，二是缺少必要的陪伴。但如果这些情况已经在过去发生了，你执着于此就没啥意义了。而且，一个人是不是会交际，与小时候有没有经常被关在家里看动画片恐怕也没有必然关系。如果你想让自己成为一个更开放的人，那就停止埋怨，用一种更积极正面的心态去看待世界和他人，首先是用充分的善意去看待自己的父母。没有一颗体谅、理解、尊重之心，是很难交到好朋友的。

我在这里无意为你父母强辩，只是希望你能换个角度看问题，他们也许没你说的那么糟糕。我一直建议孩子与父母之间如果出现问题，都能用“陌生化”的眼光互相打量。这原本是一个戏剧美学上的概念，指借助一定手段让观众从沉浸其中的剧情里跳脱出来，产生“间离效果”，获得一种更为知性的观察角度。孩子与父母之间有着天然的亲密关系，双方都容易陷入一种认知的惯性里，如果尝试从陌生人角度去观察，你会摆脱一直以来习焉不察的那种根深蒂固的恶感。我一直就是这么来解读朱自清名篇《背影》的独特魅力的：朱自清远远地看到父亲笨拙地爬月台的形象而忍不住流泪，就是因为他不期然地从另一个视角感知到了父亲的艰难，之前笑父亲迂、嫌父亲烦的心理顿时消弭于无形……你也不妨试一下，蓦然之间你发现来了一场“变形记”，你如此厌烦的“陌生人”（你父母）的心里其实有着对孩子深深的爱——只是咱们中国父母都不善甚至羞于表达这种爱，更不会“精装修”这样的感情。就像你父母给你打电话时，他们是真的说不出温情的话语更说不出“爱”字的，他们也许还担心你烦他们多说几句呢，于是只能讪讪地问一句“作业做好了没”。

你现在应该是读高二吧，正属于少年锦时。少年心性是很可贵的，有点拽，有点酷，有点傲，渴望真诚，喜欢质疑和批判，一双“裸眼”看世界。但我并不赞同在成长过程中“我还是从前那个少年，没有一丝丝改变”，改变是必然要发生，而且是必须发生的。因为少年心性里同样还有固执与偏见、不懂得宽容、苛责他人也苛责自己等特性，如果年岁渐长依然如故像只刺猬，那就成为“老愤青”了。保留一颗少年之心，少一点圆滑，少一些油腻，就很不错了。但是说句实话，成年人的世界里其实有很多无奈，有很多不足为外人道的辛酸，哪里会没有一点“油腻”呢？——当你这么去想，就能对父母多一分理解而不是厌恶和嫌弃了。

你说讨厌“这样的自己”，其实你讨厌的是被家庭环境和亲子关系“束缚”和“锁定”的自己，说得更尖锐一点，你讨厌的是家和父母。道理我已经说了一箩筐了，无非是你的吐槽没那么有理，你的父母没那么不堪，你不该“没头脑”还加上个“不高兴”。你需要真正接纳自己，请从接纳自己的家庭和父母开始。相信我，当你渴望拥有别人的身份和生活时，别人也许正在渴望成为你。

寻找与父母的最大公约数

我的父母要求我德智体美劳全面发展，但是却从不问我想要什么，并且犯了错总是我的责任最大。为什么大人打碎了碗就什么事都没有，而我打碎了碗就得挨骂，甚至挨打，凭什么呀。

我很难过，也很愤怒，但是我不敢告诉他们。我曾经尝试过跟他们沟通，但最后反而还会挨一顿骂，这样的教育我真的受不了，怎么办?

网上有个段子，说是孩子惹父母生气时，父母默念“亲生的，亲生的，亲生的！随我，随我，随我”，这样可以控制住正在呼呼上窜的火气而静下心来。

一些短视频和剧集中，当出现父母“嫌弃”孩子、“死磕”孩子的各种奇葩情景，如“你看看人家孩子再看看你”这样的灵魂拷问，或者逼着吃一顿难以下咽的黑暗料理，或者严重“双标”——宽容自己的错误却臭骂孩子的过失……评论和弹幕会顿时激动起来，满屏都是“亲生的，鉴定完毕”“亲生的，含着泪也要吃完”之类。

你的父母要求你德智体美劳全面发展，却不关心你要什么，打碎了碗自己没事却要打骂你……这样的待遇还真的是“亲生的，没错了”。

当然以上是玩笑话。把亲子关系不和谐的问题简单粗暴地推到“亲生的”头上，未免也太草率了。不过，当一个人身处体验不佳的家庭环境中却一时半会儿又无从解决时，调侃一番，自嘲几句，与“亲生的”大军们一起吐个槽抱个团取个暖，对于消除自己的负面情绪、缓和家庭氛围是有好处的：原来大家都有如此多的无奈和辛酸啊，原来不只是我有一对既“双标”又“粗暴”的父母啊，原来自己的父母也要用“亲生的”来消解他们面对神兽熊孩子时的无能和愤怒啊。

但这只能暂时抑制或部分消解心头的“难过”和“愤怒”，无论对父母还是孩子，都没有实质性地解决相处问题。在边界感很弱、个体独立空间很小的家庭里，双方随时都会“擦枪走火”。想要让亲密关系真的“亲密”，是离不开良好的沟通的。你做得很好，曾经尝试跟父母沟通，但结果却很悲催，反而招来一顿骂。何以至此？

确实，亲子之间有了矛盾或龃龉时，我们几乎都主张“要多沟通”，但太多所谓的“沟通”非但没有消弭成见、达成和解，反而容易引发更剧烈的冲突，演变成恶语相加的吵架和詈骂，双方的关系进一步恶化了。几番“沟通”无效甚至反效后，你可能就放弃了，从此紧锁心门，哪怕对父母也懒得或不屑于说上一句真心话、暖心话了。太多的亲子关系问题，根源都出在“沟通”上。

马歇尔·卢森堡博士倡导一种“非暴力沟通”，其主旨大略是，与人交流时要力避绝对化的主观评价，多用基于客观观察的事实表述，在理解对方感受、懂得对方需求的情况下提出请求；还有很重要的一点就是要学会真正地、全身心地倾听，并且给予积极的反馈。这些话看上去平淡无奇，但要做到并不容易。从你充满怨气的字里行间，我可以想象你是怎样抱着深深的成见和气鼓鼓的态度与父母“沟通”的：很可能，你从说第一个字开始就在下断语，就在言辞激烈地指责和抱怨，你并没有静心倾听、体察到父母的真实感受和真正需求，结果就是，一谈就崩、开口就吵，在语言暴力和情绪暴力的沟通模式中，伤人又伤己。

我只能建议你，不妨试着学习“非暴力沟通”，先抛开关于父母“双标”的主观评判，观察他们在何种情形下骂你，透过他们的唠叨和大堆情绪化语言的“泡沫”，体察到什么是他们内心的真实感受和需求。

你前面的表达，主观性实在是太强了，“从不问我想要什么……”“总是我的责任最大……”这样的话无助于沟通，只会把情绪带到沟里。但你还是举了一个具体的观察事例：大人打碎了碗没事，你打碎了碗就要挨骂，甚至挨打。我不在你们具体的情境中，所以没有办法透过现场观察了解你父母的感受和需求，但我有理由相信（部分是猜测），你的父母生气，恐怕不是因为“打碎了碗”本身，更不是舍不得一只碗，而是因为它牵连着别的他们更重视、更在乎的东西。比如，也许你的父母曾经无数次提醒过你，做事情不要毛手毛脚，走路不要慌里慌张，递接东西时要保持专注，遇事要保持冷静淡定，等等。一只碗在你手上打碎的清脆声音，在他们听来，是对于有关你“毛手毛脚”“不够专注”“缺乏条理”等判断（其实是“成见”）的再一次确认，是一个活生生的注脚。而这样的确认和注脚除了增加他们对你生活能力欠缺（其实也是“成见”）的隐忧之外，还带给他们因为屡次提醒无效而生出的无能感和失败感。所以，你打碎了碗的场景，在他们这里几乎就是一幕教育挫败的心理短剧。你打碎的不是一只碗，而是一颗对你“德智体美劳全面发展”的殷切期望之心，他们的心碎了。因此，在当时的情境中，他们会为一只碗的摔破而突然情绪失控，又打又骂。

你很难过，也很愤怒。父母显然也有难过和愤怒。他们会对打碎一只碗做出如此强烈的反应，肯定是有问题的，他们的愤怒在某种程度上是“捏造”出来的，是用来震慑你、使你屈服的一种手段。所以打碎一只碗会发怒，没有按时回家会发怒，犯错以后表现出畏缩的样子会发怒，表现出无所谓的样子也会发怒……总之，发怒的由头一定是层出不穷、无所不在的。这种做法无疑极其糟糕。但是如果你希望沟通变得有意义，那么就要从他们的愤怒中观察和倾听到真正的感受和意图，并且清楚地表达出来：“你们是不是一直觉得我不够明白利落，在成长过程中容易出现各种各样的状况，所以心里怀着很深的忧虑？”

面对来自父母的压力，与其梗着脖子硬怼，不如用这种非暴力沟通的方式，尽可能理解他们糟糕表象之下的真实“病痛”，体会到他们的真正需要。当你懂得父母愤怒背后的焦虑和关切，你就不会那么难过和愤怒。而一旦父母注意到了你的“懂得”，一定也会做出相应的改变。

是的，有时候关心和爱也会以唠叨、发怒等形式表现出来。记得读高中时的一个冬日周末，住校的我突然很想家，在天已擦黑时临时向同学借了一辆自行车，饿着肚子连夜在崎岖的砂石路上狂奔了三四个小时，途中还要翻越一个以长且陡著称的坡……到家时已是晚上九点多，父母早已睡下，当他们打开门看到外面站着的居然是个子小小的我时，并不是像我想象的那样夸我勇敢能干，也不像电影里演的那样一把将我抱在怀里，而是用无比严厉的口气狠狠地批评了我。很多年以后，我才理解了他们发怒时的真实感受，他们的声音是颤抖的，生硬的言辞里其实埋藏着多么柔软的担忧关切啊。

没必要夸大自己的“不幸”，用非暴力沟通的方式去寻求与父母之间的最大公约数吧。在太多的地方，你们的目标是一致的，你们的需求是相通的。仔细想想看，你说父母“从不问我想要什么”，可如果问了，你是否能说清自己真正想要什么？不要用一些情绪化的和抽象的词语来描写你所想要的，“梦想”啊、“自由”啊、“平等”啊，很大可能是你下意识地抬出来和借以与父辈对抗的一个工具，是宣示自己少年“主权”的一个傲娇的姿态，在父母一辈看来则只是一堆年少轻狂时含义暧昧的呓语。所以当你有机会向父母表达自己“想要什么”时，请尽量说得具体一些，当父母和你都越来越清楚对方和自己想要什么时，你们之间的理解与和解就一定能达成。

从“准家长”的角色里跳出来

我有一个弟弟，他虽然不是很听话，但我依然爱他。但是他一到写作业就不怎么听话，我叫他写字看书，多说了几遍他就有点不耐烦。我该怎么做才能让他听劝呢？我也是为他的成绩着想。老师，请您告诉我该怎么办。

你对自己弟弟的学习能这么上心，这是值得夸奖的，说明你已经开始懂得为家庭承担责任了，至少是分担了部分原本属于父母的职责。我不知道你父母对此的态度如何，是鼓励你去管管弟弟，还是先让你管好自己？很有可能，你的学习不需要大人怎么操心，自己完全应对裕如，那么你适当地“为弟弟的成绩着想”并无不妥，“能力越大，责任越大”嘛！

但我还是觉得，你在督促弟弟学习上面似乎显得有些太着急了。一着急就容易失了分寸，就容易制造紧张空气，会影响家庭氛围和手足关系。现在有太多的家庭因为督促或辅导作业而搞得“鸡飞狗跳”，我不希望小小年纪的你，既要承受“受教育者”的学习压力，又要担负“教育者”的学业焦虑。所以，请你从目前“准家长”的角色里脱离出来，你不应该是那个叫弟弟“听话”的人，而是一个可以陪着他学习、看着他成长、领着他前行的兄长或姐姐。

陪伴着他走，成为他学习和游戏的“大伙伴”。

你爱弟弟，就别让自己从一个可亲可近的姐姐（哥哥），变成又一个耳提面命的家长。何况，在弟弟这里，你并没有父母身上那种天然的权威性，当你试图摆出一副教训人的面孔时，他是不会太理会的，甚至会很反感“又来了一个家长”，表现得不耐烦。但你身为姐姐（哥哥），一个最大的优势是可以和弟弟成为同伴。学习时，你们一起拧紧发条，面对各自的任务。你叫他写作业时，你也要做作业；当你在看书时，也要允许他看书。你不是发号施令的监督者，而是与他一起接受任务的学习同伴。游戏时，你们的角色也是平等的，一起把时间“浪费”在美好的事情上，当然身为“大伙伴”，你可以事先约定玩了以后必须完成的学习任务，同时把关玩的内容、掌控玩的时间，让一切都处在合理的范围内。

注视着他走，成为他喜好和兴趣的“知情人”。

从某种意义上说，你比父母更了解弟弟。在一起学习和游戏中，你能更准确地了解他的喜好，知道他在意什么，反感什么，啥时候哭，啥时候笑。你们甚至可以拥有属于两个人的小秘密，而他会因为这样的小秘密得到守护而感到自己被信任、被尊重，会更愿意听你的话。你对他的兴趣特长也应该了如指掌吧，那就不妨用那些他感兴趣的事情做“诱饵”，用“延迟满足”的方式让他直面任务，养成不怠惰的习惯，并因为一次次愉悦的“兑现”体验和“完成感”而爱上作业。具体到学习上，你可以把自己的学习心得分享给他，可以让他对你产生一点崇拜感，然后因为这点崇拜感而乐意追随你，但是切记绝对不要自我夸耀，哪怕你是学霸也不要对他实施“降维打击”。

引领着他走，成为他找到内驱力的“发现者”。

你不要试图控制他，就像无数家长所做的那样。把牛领到河边，如果牛有渴望，它自己会低下头去喝水的，强摁牛头是最笨拙最无效乃至反效的方式。激发一个孩子在学习上的内驱力是无比重要的，这句话对你自己也同样适用。唐僧可以用紧箍咒牢牢地控制孙悟空，但“头痛”的孙悟空对于取经事业是没有热爱的，反而多有怨气愤怒。只有当其自身产生了对于“修成正果”的强烈渴望以后，才能以大无畏的精神去历经劫难求取真经。唐僧其实是一个成功的引领者。所以，多给弟弟一点自由的权利、自主的机会，多一点等待的耐心、成长的关注，让他萌发出对于美好的渴望和向往，这样比喋喋不休的训话重要得多，也管用得多。你一定读过《小王子》吧，里面说：“如果你想造一艘船，不要抓一批人来搜集材料，不要指挥他们做这个做那个，你只要教他们如何渴望大海就够了。”其实在这一点上，身为哥哥姐姐的你，何尝不需要找到这样的“饥渴感”呢？你不是同样需要属于自己的星辰大海吗？

不要背着走、搀着走、拽着走、催骂着鞭打着走，而是一起互相鼓励、陪伴、守望、引领着走，一路披荆斩棘，一路欢歌笑语，该多好！

孩子，人生不会因这点缺憾而沦陷

我念初一，学习成绩不错。可我一直被爸爸妈妈的争吵声所困扰，每次他们吵架，我都好害怕，心里总在想：不如从这个世界消失！这样就不会痛苦了。青春是一道明媚的忧伤，我没哭，可是眼泪流下来了……我的心正慢慢冷去。我真的好担心我的家会瞬间破碎……

胡适先生曾说过："世间最可厌恶的事莫如一张生气的脸，世间最下流的事莫如把生气的脸摆给别人看。"对于孩子来说，世间最伤心无奈的事恐怕莫如听闻自己的父母在那儿吵架。没错，父母有他们的烦恼，他们的不得已，但哪怕彼此没有什么感情了，他们也不能肆无忌惮地互相撕咬，毕竟这样做伤害的不仅仅是对方和自己，还有他们生养的孩子。大家置身于一个命运共同体里，谁都不能由着自己的性子来。家庭里要有爱的氛围，即便没有了，至少还应该有和平，能够给孩子最低限度的安全感。所有孩子都渴望在一个平静的屋檐下长大。

我可以想象你在争吵声里暗自流泪的情景，很理解你的忧伤，但一点也不赞同你那种赌气式的念头。傻孩子，属于你的人生画卷还没有展开呢，大片大片的未知地带等着你去探索和发现呢！

随着你一天天长大，你慢慢会发现，家庭生活，尤其是仍然依附于父母的、在你眼里大过天的家庭生活，只不过是你人生的一个维度、一个小角落罢了。它也许是有缺憾的，但你的全部人生并不会因此而沦陷。在你面前展开的世界将更加开阔，你很快会迎来属于你自己的全新的生活领域。想想看，再经过几年中学生活，你其实就要上大学，然后参加工作，寻找自己的情感归宿，建立自己的家庭……父母与你之间的亲情纽带永远不会断，但你不是一辈子都活在他们的羽翼下的，从根本上说你会独立地走属于你自己的道路。如果你能这么想，就不会把父母之间的冲突看成世界末日。

你目前应该很难改变父母间的状态，但可以试着跟他们约定：不能当着你的面争吵。你不必用威胁的口气跟他们说话，当然更不建议用过激的行为去刺激他们，你只需要当面直言：我不奢求你们相爱，但希望你们能相安。他们不克制自己，经常陷入争吵，其中一个原因是没有意识到：你已经慢慢长大了。当他们接收到争吵令你害怕和痛苦这个信号后，会有所收敛的。大人是经常自以为是的，以为你永远是个啥也不懂的小屁孩，当小屁孩明确表达自己的主张时，他们会暂时停下争吵倾听的。

但是如果他们连这一点也做不到，你也不要太沮丧，更不可自怨自艾、自暴自弃，用别人的错误惩罚自己，那只会令家庭里的矛盾更加尖锐和不可挽回。即使万一，父母仍然无法和平地生活下去，家庭面临解体，你也不要以为天就塌下来了。身边单亲家庭的孩子并不少，他们一样可以阳光、自信。与其在无休止的争吵中担惊受怕，不如在一种相对平静的氛围里独自长大。家庭不完整当然有些遗憾，但如果无法挽回，那就要学会接受。充满恐惧、徒有躯壳的“完整”其实更残酷。

总之，夸大自己的不幸对于改善境遇没有丝毫帮助，关键是你如何看待这种被给予的命运。每个人都要尽可能从最不堪的境遇里找到阳光的一面，找到积极的力量。哪怕是伤害，也能成为前进的动力。无数成功的人也是从不那么完美的家庭里走出来的，他们甚至可以把“逃离”当成自己发愤学习积极拼搏的强大动力。勇敢，有时候仅仅意味着你能够承受一些挫折，能够把所有的磨难都转变成自我修炼的机会。从这个意义上说，我觉得适当的“没心没肺”是有意义的。

PART IV 逆风飞翔才是真自由

塞林说：

所有经历过的，都是刚刚好的。

相比于智力，毅力其实是一种更强的天赋。

也许，你只需要坚持30天。30天里保持初心不变，当“坚持”已成瘾，此后便没有变的道理。

“优秀感”，是一种美好的自我期许和想象，当你努力试着去匹配这样的自我期许，去实现这样的自我想象，就真的会变得更优秀。

你应该瞩目于一点一滴的进步，快慰于一课一科的领悟，把握住一分一秒的体验，欣喜于一尺一寸的成长。

远离想象中的恶意“虹吸效应”

离高考仅剩五十几天。我是一名职高生，但好像这个世界对职高生有点偏见。我自己认为其实没什么，只要自己愿意努力并不会比普高生差。

我个人比较内向，不爱说话，不善交际。想交到更多的朋友，但又害怕自己不够好，她们不会想和自己交朋友。有很多时候，身边的人总会莫名其妙不理我，并连带着一片人一起不理我，那段时间其实挺难过的。我一个人在一个陌生的城市，家人也不在身边，好不容易融入了一个小圈子，却觉得更加的孤单。我很困惑，是不是自己还不够优秀，还是她们不愿接纳我。

职高生当然不比普高生差。如果我请我们经常采访职业学校的记者姐姐，来跟你聊聊那么优秀的职高生的“逆袭”故事，估计三天三夜也说不完。所以首先请你相信自己，经过努力你必定能完成华丽转身。

但作为一名资深的教育观察家和体验师，我也必须诚实地说，社会上确实有不少人对职业教育存在偏见。这类偏见来源于中国传统文化中保守的一些价值观（如“重道轻术”“重劳心者轻劳力者”“一流工匠比不过三流文人”之类）啮合在一起，非常顽固，一时难以祛除。想想看，如今网络上不但流传着各种行业、学历、大学、城市的鄙视链，居然还会冒出学生兴趣班的所谓鄙视链。这类偏见也说不上有什么恶意，不予理会即可。

至于交朋友的困扰，不只发生在你身上，也发生在无数的中学生身上。我可以这么回答你：

一、无须放大“比较内向”“不善交际”的负面意义，这个世界没有要求所有人都成为拥有一张利嘴的推销员。

二、交朋友往往需要一个支点，这个支点可以是共同的兴趣、相似的三观，所以与其在那儿纠结怎么交到好朋友，不如好好发展自己的兴趣，先与兴趣交朋友。

三、敏感的人容易对他人的态度做出过度解读，如果一个人总是对别人的“恶意”太敏感，那么就会有更多“深深的恶意”涌过来，即使它们并不存在，但却构成了这个人的主观感受。我把这种现象看成一种“虹吸效应”，仿佛所有糟糕的事情都会往自己身上聚拢。所以我总是建议一个人要保持必要的钝感。说不定，有些“恶意”是自己制造出来的。

四、当然，如果所有人都“莫名其妙”不理自己，那也需要反观、反思一下自己：是不是不知不觉中的某种行为方式损害了别人的利益。也别一直把所有困惑闷在心里，必要时也可以“逮”住某个平时较为要好的同学问一下：“我哪儿得罪你们了？”也许真的有什么事情自己没做好却不自知呢？也许真的在某种特定情境下自己“莫名其妙”被误解背锅了呢？

五、并不是足够优秀的人才会有朋友，事实上平平常常的人反而更容易交上朋友，不是有句话吗——“优秀到没有朋友”？海拔太高呼吸难，一骑绝尘无人随。呵呵，当然这是玩笑话，不够优秀的容易结交朋友，足够优秀的自会吸引同样优秀的人。

六、让一切人际交往中的困境消弭于无形的方法，就是我曾说过的那句话：让自己成为一个发光体。

“扬长”比“补短”更重要

我的文科成绩数一数二，可理科却不尽如人意，每次理科成绩一出，排名就会掉好几名。初一时最好的朋友，现在也有了新的朋友，她们有共同的兴趣爱好。之前，她的朋友圈是我们的照片，现在，就只剩她俩的了。我不知道一年后的我，会去哪一所学校，我怕辜负亲人与师长的厚望。我也不知道自己会往哪个方面发展。每次看到别人跳舞、唱歌时闪闪发光的样子，我都会很自卑。没有漂亮的脸蛋，没有特长，性格也不讨人喜欢，成绩也不出众。我该怎么办？

就像我一直说的那样，在学业考试这条窄窄的跑道上，人与人可能是天生“不平等”的。人的智能是多元的。

你知道钱锺书先生吗？他这个学术界的泰山北斗，小时候也称得上聪明绝顶，但他从小数学就一塌糊涂，因为不开窍，还被其父亲拧得身上青一块紫一块呢！可无论怎样努力，学数学还是不灵。后来考大学时他的数学也只有15分。但他文科太好了，小小年纪就能代学者父亲写书的序言，帮着回复朋友信笺。所以当时的清华大学校长在单独跟他谈了一次后，“破格”录取他（其实也不算太破格，因为尽管数学很差，但总分仍然居于中游以上）。

你怎么说自己没有特长？文科成绩数一数二难道不算特长？难道只有唱歌跳舞才算特长？对你来说，为了升学需要去补一补理科的短板，但从整个学习乃至以后的职业生涯来看，更应该好好发扬自己的文科特长。你还说不知道自己该往哪个方面发展，真是“当局者迷”，既然你文科很强，就要向着文科方向奋力攀缘啦。

我始终强调，一个人要努力追求“看不见”的成功。啥意思？就是不要过于注重表面上的分数名次之类，更要看重分数背后自己的真实能力和核心素养是否得到了发展。我们不要只顾着看花枝是否灿烂，更要留意在那看不见的地下，根有没有在竭力地生长！分数不是浮云，但是我愿意把它看成是“浮标”。钓鱼的人都知道，浮标动了，不一定表明水底下的鱼儿咬钩了，可能只是风吹皱了一池春水而已。你的文科成绩优异，应该不是偶然得高分，而是你的最活跃最饱满的兴趣和智力的表达，是属于你的“大鱼”，你得抓住它。

你说你有点自卑，其实几乎任何人都会有偶尔自卑的时候。因为除了根本不存在的“神”，人皆有不足。写过《自卑与超越》的心理学大师阿德勒认为，自卑感乃是推动一个人不断进步、不断自我超越的重要动力。只不过，我在这里倒是要劝你自信点，因为你的自我评价显然是过低了。你总觉得别人跳舞唱歌闪闪发光，而自己既不漂亮，又无特长，性格不好，成绩不佳，仿佛“文科成绩数一数二”不是优点而是缺点似的。我已经不太相信你的自我描述了，就像不相信那些嘴上说“不行”考起来却一枝独秀的“学霸”们。你真的得修改一下“自我画像”了，别只知羡慕别人，却浑然不知自己身上拥有超多值得他人羡慕的东西。在你欣羡别人时，你何尝不是装点了别人的梦？

每个选择都有自己的机会

这个学期，我们学校重新分了班级，我从普通班考进了重点班。这本来是件好事情，可是重点班氛围极其压抑，我有些喘不过气来。在普通班时，我名列前茅，在重点班却是倒数十几了。我本来就不够自信，在这种环境下我更自卑，班级里的人不像原来的那么热情，老师们也让我不太习惯。不知道是不是因为不习惯，这次月考我考了目前为止最差的一次成绩。好多同学也因为受不了重点班这样子都转去普通班。我也产生了这种想法，可是其他人都劝我重点班肯定比普通班好。我很苦恼，学习越来越没动力，本来爱上一点点的数学，也因为重点班老师语速快，让我听不懂、开始逃避数学了。这种情况下，住宿的时候就变得特别想家……各种因素使我无法集中注意力。我不知如何是好。

其实无论你读的是重点班，还是普通班，都不是问题的根本。

在重点班可能因为压力加大，患得患失，成绩下降，动力减弱；但也可能受到浓厚的竞争氛围激励和带动，产生强烈的追赶的愿望，逆水行舟，不进则退啊。在普通班可能因为名列前茅而信心倍增，从而越学越来劲；但也可能因为自觉整体上处于“第二集团”而产生松懈的念头，顺水漂流，任意东西。一切都取决于你自己。

我们总说，学习是跟自己比，而不是跟别人比。所以名次的意义没你想象的那么大。

我自己没有升入重点高中，读的是一个比较差的学校，但到了那里以后通过努力居然名列前茅，高二以后几乎稳居全班第一，高考成绩是全校首名。我可以说，你看，读什么样的学校是不重要的，关键是取决于自己，也许正是在这所中学里“宁为鸡首”的状态让我上了好大学。但也可以这么想：我这个“全校第一名”也不过让我顺利考上了浙江大学，如果我在重点中学，可能考上的是北大清华呢？可能我拥有的视野和格局会更大呢？再换个角度又可以这么想：如果我在重点中学的重点班，可能永远都没有机会在全班崭露头角，而且会感到压抑和极度自卑，结果是越学越差……

那么问题来了，“人生没有虚拟语气”，没有那么多“如果”，没有“对照组”，没有“B方案”，就像我一直说的那样。也就是说，如果我们做出了一个选择，那么也就永远不可能知道另一个选择的结果会是怎样。

所以我一直都在强调这一点：比选择更重要的，是选择之后。任何一个选择都拥有自己的机会，但前提是，不要患得患失，不要瞻前顾后。

我不可能代替你做选择，这不是害怕承担责任，而是“只有自己做出的选择，才会咬牙去坚持，才能承担全部的后果”。但我可以根据自己那番不可能有“对照组”的亲身经验，给出一个参考意见，那就是读普通校、普通班并且能够“名列前茅”也挺好的，能够得到足够多的自我激励和外界鼓舞。你自己的真实体验也明明白白告诉你了，什么样的学习环境和氛围是适合你的，你的学习状态怎样才能调整到最佳，在堪称艰苦卓绝的孤独的备考岁月里，“感觉良好”真的特别重要……但我知道，你要从重点班退回普通班，且不说你父母是否同意（他们可能会觉得你这是“自我放弃”，是在逃避压力、害怕挑战），你自己心理上的关口就很难过，因为在许多人的认知里，这有点像一次“无奈败退”，像一次“末位淘汰”。当你再回到原先的班级，对于同学们的热情不要抱太高的期望，也许你会觉得大伙儿的眼光变得怪怪的，当然，你的朋友们应该会给你送上温暖的拥抱。

无论是“坚守”重点班还是“转战”普通班，都需要一颗强大的心脏。如果选择“坚守”，那就必须勇敢地顶上去，相信自己能够克服眼前的所有困难；如果选择“转战”，那就彻底放下关于重点班的一切，无怨无悔，只往前冲，再无犹疑，绝不回头。

别用“应该思维”去撞现实的墙

我现在上高二，选课选的是政史地。在我们班，很多女生都是英语学霸，而我的英语在年级里虽然算中等，但在班里只是倒数。我很想有所提升，但是每次都没有信心。对于数学，我虽然很感兴趣，但总是学不好、考不好，学习对我来说似乎总是心有余而力不足。喜欢阅读的我，在班里却很少有朋友，似乎没有人真正愿意和我一起畅谈文学，我很苦闷。都说青春是迷茫的，我有时候实在不知道自己前进的方向，难道不断成长的我们在走向独立和自主中，只能越来陌生，在生活中只能越来越远离吗？

你这一段话里包含了好多问题啊，我只能拎出其中一二加以回答。

有位明星特级教师曾经说，如果成绩不够好，要这么想：我又不是全班最差的，即便是，那我也不是全校最差的，即便是，那我也不是全区最差的……何况你还在年级里处于中等呢，如果你痛不欲生，那么请问在年级处于下游甚至末端的同学又该如何喘息呢？

人要学会全方位地接纳自己，只有接纳不完美甚至有些地方挺“差劲”的自己才算真正的接纳。现在不是有句话叫“跟自己和解”吗？这“和解”可不是无原则的妥协，而是不死磕，不钻牛角尖，不用“应该思维”去撞这个现实世界的墙，不在别扭和纠结中空耗时光，不逗留在幽暗的隧道里徒自苦闷，要努力找到自己生命的出口——那空气涌进来的地方，那光照射进来的地方。

悦纳自己，就会相对客观地建立起合理的自我期待。我总是说，要让一个人的愿望与拥有的能力禀赋大致匹配。如果走得太靠前，禀赋能力跟不上，会痛苦；如果愿望太小，没有梦想，那么即便禀赋能力很出色，恐怕也走不太远。最理想的状态是，愿望稍稍领先于禀赋能力，跳一跳能够得着，那么一个人会发展得更好，而且也会有成就感和幸福感。用我写过的一篇文章的篇名来说，这叫“幸福的尺寸”。

更通俗一点说，一个人“拿不起，放不下”是最痛苦的，“拿得起，放得下”才是最好的。

至于你对阅读的抱怨就大可不必了。阅读可以是纯粹自己一个人的事，它甚至还有一点私密性呢。有人分享讨论当然可以，如果没有，一个人静静地与智者对话，感觉也挺好。以一句博尔赫斯的名言送给你吧：读书是一种略带忧郁的享受。虽然略带忧郁，但它毕竟是一种享受。

选择后，就把复杂的问题简单化

我今年高三，距高考61天。当初，因为拗不过我爸，本可以去私立高中重点班的我，去读了一所女校。来之前，他说，你不一定要读空乘（该校优势），好好读，自己考出去。来了以后才发现，这里的学生，九成以上都是上不了普高才来的，另外的一小部分人，成绩好，但不想读书才选择来这里的。这里，实质上就是一所披着普高外衣的职高。

我不想考空乘，有自己的理想，却无法拒绝环境带给我的一切。老师上课浅，内容不全，课少，频繁换老师，女生间的钩心斗角……我拼尽全力，却仍在退步。这期间发生了太多事。一次次，一件件，到最后，我把自己完全封闭了起来。去年是我迄今为止最为“黑暗”的一年。肠胃功能紊乱，面试失败，所有人的不解，以及潜伏已久的抑郁……那个时候，我感觉自己失去了存在的意义，一切都失控了……很庆幸，我走出来了。也是第一次，我爸主动和我谈心；第一次，我真正地理解到他的不容易；第一次，知晓他的懊悔与无奈。这三年，是一次现实而残忍的成长，我的心被撕得四分五裂，我只得慢慢地一点一点地把它拼凑回来，虽然已不是原来的模样。很庆幸，我找回了初心，我成长了，变得前所未有的理智与决绝。不过，也依旧迷茫，这样的我去迎接高考，还来得及吗……

空乘？这个学校让我对这个职业的好感尽失。我真的与一本无缘了吗？还是……最后再重新来过？

青春无限，修炼无边。附上初中班主任送给我们备考时的一句话：准备要周全，然后随遇而安。与汝共勉。

你经历了人生中的“至暗时刻”，我很为你心疼。相信你一定深思熟虑过，既然从一开始就似乎“错”了，可否迅速地完成干净利落的“切割”？但显然很难做到，这并不完全取决于你的意愿，其中更有很多的不得已（比如转学之不易等）。结果就是你在巨大的心理落差中不断陷落，事态越来越糟，心态更是接近崩溃。

还好，你找回了初心，决定全力以赴迎接高考了。而这时候你的担心又变成了“还来得及吗？”那我要告诉你的是，此时你不需要再想东想西，只管努力去做就是，无论结果如何，都可以无憾。

但我还要特别说一些话，针对“想得特别多”的你。你自己恐怕没有意识到，你有着过强的“应该思维”——指的是对于不符合自己愿望理想（“应该”“本该”）的现实，始终持一种不接受的、批判的、抱怨的态度，并且因为现实的无法改变而表现得焦虑、郁闷、沮丧。想得越多，情况越是一团糟。我希望你对此有较为清醒的认知，当你在未来遇到不如意境况时，能够用不同于缠绕着你高中三年的方式去应对。

下面展开来聊聊吧。

听说过“格尔迪奥斯绳结”吗？

抄一点百度百科：一个古老的神殿上，摆放着一辆战车，战车上有著名的“格尔迪奥斯绳结”，传说解开这个绳结的人就是亚洲的统治者。征服者亚历山大造访了这座神殿，费了一番功夫后仍然无法解开绳结，于是他拔出宝剑说：“用我亚历山大的方式吧！”挥剑将绳结砍断。

在你的描述中，你高中三年所遭遇的事情就如同那个绳结，充满了各种纠结，各种拧巴，各种别扭，各种死扣活扣，剪不断理还乱……我希望你能向亚历山大学习，用最简单甚至显得有点粗暴的方式，挥剑砍断眼前的一团乱麻。

你置身其中的境遇，不需要再多做分析，越分析越乱。你现在需要奉行一个最简洁的方法论：抛开所有杂念，召唤全部能量，直面并且接受现实，准备考试。

当我们做一个决定之前，需要把看起来简单的问题想复杂，考虑到各种可能性；而一旦决定以后，就要用一下“奥卡姆剃刀”，或者“亚历山大的剑”，把复杂的问题简单化。没有“如果”，没有“应该”，没有“本来”，没有“可是”，没有借口，只有：立刻去做！

问题的其中一个根源在于你夸大了“选择”的作用。没错，无数的人都在人云亦云地说什么“选择比努力更重要”，其实如果理解偏了，这种观念就是一碗毒鸡汤。当一个人的注意力全集中在自己的选择是对还是错的时候，很容易对“这一个”选择心生后悔，以为自己一脚踩空从此堕入万劫不复之地，于是对眼前的现实路径生出越来越多的抱怨，试图逃往“那一个”选择但又无力实现，结果只能停留在原地打转，解脱不开，无法作为。其实我们一定要相信，选择没有绝对的对错好坏，每一个选择都有属于自己的机会。我们谁都没有“上帝视角”，没有女巫可以看见未来的“水晶球”，这个世界上也不存在“平行宇宙”。我们所能做的，就是从自己的选择之地出发，沿着这一路径开拓出一片尽可能敞亮的天地，这就是我一次次强调“比选择更重要的是选择之后”的道理。即使最后发现这个选择并不符合自己的需求或愿望，那也可以“且行且修正”，因为——人生的选择永远“在线”。

读你的信，我感到心疼的不仅仅是你，还有你的父亲。他违逆了你的意愿，替你做出了一个选择，而这个选择看来是不够理想的，对你而言接受度是偏低的，并因此让你的身心备受煎熬……看着你吃苦受罪，他心底的那份懊悔和无奈使他时时刻刻承受着巨大压力，也是很难消受的呀。还好，你们有过深入的谈心，应该也有了温暖的谅解，你“找回了初心”，这是非常幸运的，你大概也不再有太多的责怪，这表明你是一个懂事的孩子。你的确是成长了。

你不该再有迷茫，你已经付出了太多的“沉没成本”。你投入的那些时间，消耗的那些心情，都不可能再回来，那就不要再辜负现在。你已经“变得前所未有的理智与决绝”，那么好，别再被任何杂念干扰和左右，珍视眼前的任何一个哪怕并不是最优的机会。每一个选择都有自己的机会，烂泥地里也可以开出最灿烂的花。所谓“不好”的境况可以转变为好的，只要你是在前进，一路上就会有机遇。这个世界上有太多的事不如我们所愿，但你知道吗？有时候我们需要“将错就错”，并且把“错”的做成“对”的。你需要尊重生活的辩证法。“塞翁失马，焉知非福”“失之东隅，收之桑榆”“关了一扇门，也许会开启多扇窗”……这些话里其实都是蕴含着抚慰人心的智慧的。

曾国藩说：“既往不恋，当下不杂，未来不迎。”对你来说，过去的一切都不再重要，当下的一切都不必多想，至于未来，一定会到来。用胸怀接受不能改变的，用勇气去改变可以改变的，并且用你的明慧分清这二者。

你老师的那句话特别好，望你好好咀嚼。

要永远相信：所有经历过的，都是刚刚好的。

把握好此时此刻，保持定力，直面高考，加油！

不要为别人的课题瞎操心

老师您好，我现在初三了，离中考还有9天，但是现在我的一个同学和我有些相互喜欢。他成绩很好，可以冲重点，而我冲普高也不是妥妥的那种。他说想跟我读一个学校，但我考不上他的那个学校。如果他填志愿填了跟我一个学校那不就是毁了他吗？我们现在关系不错，但是这样下去会影响他吗？我好困惑。

当你看到这封回信时，中考已经结束，志愿填报当然也早已尘埃落定。所以我的建议并无最直接的意义，而我的观点是，你们无论如何选择都是对的。用我被许多人引用过的一个金句来说，“所有经历过的，都是刚刚好的”。

人是没有那么容易被毁掉的。也不知怎的，现在太多的人喜欢夸大选择对于命运的决定性意义，仿佛读“错”一个学校或专业，人生就进入万劫不复之境似的。没那么严重。鲁迅先学船舶，后学矿，再学医，职业是小官员，最后成了文学家、思想家。有太多的例子，实在没必要再举。

无论什么选择，只要做出了选择，其实都是好的。就像《解忧杂货店》里那几个小混混，他们给求助者的建议真的是明智的吗？未必。但接受建议的人却因此做出了选择，从而开创了自己的人生。

茨威格在《人类的群星闪耀时》一书中写到托尔斯泰的一份心迹，那也是托翁生命最后时刻最深刻的领悟：“只有一件事会使人觉得累：那就是动摇不定和优柔寡断。而每做完一件事，就会使人身心解放，即便把事情办坏了，也比什么都不干强。”

所以，遵循你自己的内心，选择自己的学校，这是你的“课题”。而你同学是否跟随你，那是他的选择，是属于他自己的“课题”，你不必介入。而且基于我一再重复的“比选择更重要的是选择之后”这一点认识，无论你的同学做了什么选择，你都不必因此背上过重的心理负担：你们不在一个学校不会是感情的终点——如果你们的感情连这点距离都承受不起的话，韧性也太差了，让彼此的好感自然淡化也许更好；他也不至于因为跟你一起读了一个稍弱的学校就被“毁”了——如果所谓好高中就能允诺一个光明未来，而读稍逊一点学校的人就只配被“毁”的话，不但所谓的成功就像割韭菜一样无味无趣，世上的大多数人也都别活了。再重复一遍：做好你自己的选择，无须为他的“课题”操心，操心也是瞎操心。

用阳光心态歌唱成长的烦恼

就如您概括自己的一本书“不是残酷青春物语，而是青春修炼手册”，在我的人生中有不少忧愁与烦恼……

就比如，去年暑假的时候，我本来怀着梦想，想参加一个比赛。可是父母坚决不同意我去参赛。我反抗无效，错过了一次很好的机会。

再比如，我在小学的成绩是特别好的，可是到了初中，发现那些原本比我差的人却超过了我，自己的成绩在下降。我非常努力，可是成绩并没有提高多少。我不知道这样该如何交代，也不敢去想象以后的人生。

再说说我身边的一个朋友。我发现她会作弊，把书上的内容抄到一个本子上。她的成绩并不算差，行为规范却很差。我跟她讲过，可她就是不承认。她作弊后考出来的成绩很高，我都不知这样该怎么办。

还有就是我的班级。我是班长，在班里嘻嘻哈哈的，自我感觉没有多少权威。那些纪律委员、副班长比我更没有权威，现在班级乱哄哄的。老师也管不了。我真的不知道该怎么办！

希望看到这条的朋友们能够给我解答，谢谢。

逐条回复：

一、去年错失的一次比赛，你还耿耿于怀，不应该啊。人生中多有遗憾，过去了就请放下。我一直说人的能力和心态要这么进展：从“拿不起，放不下”——像个得不到玩具而哭闹的孩子；到“拿得起，放不下”——把握得好是执着，把握不好就会困死在过去；到“拿不起，放得下”——认识到自己能力的边界、懂得自我安慰；到“拿得起，放得下”——既积极有为，又洒脱大气。

二、上了初中以后成绩下降了，也不要太过焦虑，更不必考虑“如何交代”“怎么诉说”这样的事。学习主要是对自己负责。如我答复另一位同学时说过的，要看重分数背后自己的真实能力和核心素养是否得到了提高，你更该关注自己的“根”有没有在生长。

三、对那位作弊的朋友，你已经尽到了提醒的义务，她听不进去也没办法，请你记住，一个人对于哪怕再好的朋友，承担的也只能是有限责任。

四、至于你们班级乱哄哄的问题，我不清楚究竟何以如此，但既然老师都没有办法，那么一定是积病沉疴，不是三言两语就能纠正的。身为班长你能做什么呢？肯定不是板起面孔教训人，所以继续笑嘻嘻也没关系。可以做什么呢？我想，第一，发挥你身为班长的示范效应，在各方面都要表现得更出色；第二，承担身为班长的服务职能，尽可能地帮助同学改掉坏习惯；第三，施加身为班长的“向上影响力”，影响老师采取有针对性的举动改变现状，营造积极、灵动、向上的班级文化。

愿你手持一本“青春修炼手册”，唱一句“成长的烦恼算什么”，让勇敢给你充电，让自信把你照亮！

做一个有点紧张感的“司机”

老师您好，我是个高二的学生，数学一直是我的弱项。我在尽量弥补这个短板，可结果却不尽如人意。我课外几乎都在学数学，可不知道为什么一到上课我就听不进去，老是分散注意力。这样的状态让自己挺难受的，很想知道有没有可以改善目前这种状态的办法。

首先我们必须承认，人的禀赋各有差异，我们要扬长避短，适性发展。但这样的话未免空洞，因为各科学业是一个整体，数学又如此重要，我们要尽可能扬长补短。

而让人深感无奈的是，对于弱项或短板，我们即便花费大量时间去补，却往往收效甚微。绝顶聪明如大学者钱锺书，小时候学数学亦痛苦不堪，其父钱基博为让他开窍经常把他拧得身上青一块紫一块，可他还是学不好，不灵就是不灵，考大学时数学也才考了15分。所幸他的国文、英语等学科成绩惊人的优秀，都考了第一名，经过特批进入清华……而今天，对升学来说，我们绝对无法承受数学考得很糟的后果。

不过，数学其实也没那么可怕。我说过，我是个没有什么数学天赋的人，但是高考轻松满分，大学里高等数学也考过大班第一。不从事相关研究，仅就学好课程内容而言，似乎并不需要什么天赋。因此，一方面我们要承认禀赋差异，智能多元；另一方面也要有自信，相信自己能学好、考好！真的，信心比黄金更宝贵。

课堂上的效率至关重要。我记得当年自己高中时，上课大多有点心不在焉，私心还以为很多课听老师讲还不如自学，但唯有数学，从头到尾高度专注。偏偏你上数学课注意力不集中，这一点很麻烦。听数学课最重要的一点是紧紧跟着老师的思路，不容有一点恍惚。我不知道你“听不进去”是因为已经懂了还是听不懂？如果已经太熟稔了所以走神，那成绩不至于不尽如人意；如果是因为听不懂才神游八极，那么很有必要提前预习，即使预习时没有把所有关节点都打通，也可以在课堂上经由老师的讲解而豁然贯通。学习就像开车，前面有一些拐角，一些弯道，一些坡地，司机的注意力反而会高度集中。因此，我的建议是，你可以预先标注数学课内那些有一定难度的“拐角”“弯道”“上坡”，从而把自己的注意力牢牢锁定在上面，成为一个聚精会神、有紧张感的“学习司机”。

我们的自控力往往比想象中的弱

今年我初三，离中考只剩最后四五天了。但上个星期，父母破天荒给我买了一部手机，本来习惯深夜苦读的我，却不知不觉沉迷于手机。我很想挣脱它，可是总会在不经意间拿起，就算是搜题目和不懂知识的时候，也会不小心被其他的消息或者内容给吸引。于是我渐渐脱离了父母给我买手机的初衷。在这最后的几天，我不知道该怎么办。

此时中考已结束，你也进入了暑假模式，不知你有没有更加沉迷于手机？但愿没有。

我觉得这一次的“手机诱惑”事件也并非没有正面意义。它最大的价值，就是帮助你更清楚地认识了自己：原来我是一个“易感染体质”，接触一下手机就会沉迷；原来我的意志力不像我想象的那么坚强，即便在中考前的关键时期也会管不住自己……这份认识可以提醒你，今后与网络、游戏乃至一切带点成瘾特性的东西，保持一定距离，要保持一份警觉。

在未来的日子里，你会越来越深刻地意识到，一个人的自控力对于他的人生有多么重要。而且，我们绝大多数人其实一辈子都在与自己的惰性、拖延、惯性等进行搏斗，永无止息。提高自控力，让我们共勉吧！

给自己调动所有积极的心理暗示

小学时候，我的成绩挺好的，总体来说班级前五吧。但是上初中以后,我的成绩一落千丈，特别是数学，好几次还是倒数,自信就被一点一点地磨没了。马上要初二了，我该怎么办？怎样重拾以前的自信？

我对你在学习上有这份自我要求表示赞赏。每个人身处的教育环境不同，在学习上的表现也呈现出差异性：如有的从小学开始就进行过度的压榨式学习，太早挖掘学习潜力，以至于到了中学以后缺乏后劲；有的则在小学阶段仅凭着一股天生的聪明劲儿学习，靠着心智成熟度的优势（即我们平常老说的小小年纪就“拎得清”）在学业上领先于同龄人，但到后来这样的优势会迅速丧失，而本人却还没有建立起积极学习的意识、习惯和方法……我不知道你的具体情况如何，很难做出精准的分析并提出合理建议。人的发展不是只看考试成绩，而且也不是匀速发展，分数上出现一时的波动是正常的，但如果从小学到初中，学习成绩掉得太厉害，确实值得引起重视。

我的建议是：

第一，从骨子里相信自己能够学好。你可能会说，这不是废话吗？我的自信已经被失利磨没了！没有好成绩好名次，我哪来的自信？我先给你讲个真实的故事吧。我的一位朋友是省内非常有名的中学科学老师，聊天时他说自己曾经是成绩垫底的学生，但一两个学期后却实现了逆袭。怎么做到的？他这个人呢，当时学习不行，体育却很好，在一次全区运动会上，他获得了跳远的第一名！这个"第一名"成为他开始拥有自信的第一步。他说他经常告诉自己：我可以在跳远项目上在几万名学生中独占鳌头，为什么学科学习会倒数？虽然两者之间看上去没什么关系，但他却真的据此摆脱了自我怀疑，有了信心。你可以说这只不过是一种心理暗示，但所谓信心，更多时候不就是一种调动所有积极因素而赋予自己的心理暗示吗？

这个故事告诉我们，信心是可以实现迁移的。有不同科目之间的横向迁移，也有不同时段之间的纵向迁移，你可以从小学时的成功体验里汲取信心的养分，给自己一个强大的心理暗示：相信自己过去行，现在一定也行！

第二，毅力其实是一种更强的天赋。有人只把纯粹的智力看成是天赋，以为凭借天赋斩获好成绩才显得"牛"，而后天的努力则不足以傲人。其实根据许多人的研究（知名校长徐锦生就专门做过课题），影响一个孩子学习成绩的，非智力因素占更大的比重。我曾经采访过一些高考状元，他们中就不止一人提到过，有的人为了所谓"天才"的虚荣，摆出一副不用功也能考出好成绩的样子，其实他们私底下刻苦着呢！就像鸭子划水，水面上气定神闲，水面下鸭掌正在奋力划水。所以你不要被别人"轻松"学习的假象所迷惑，你的落后很可能只是因为别人比你更努力。

到了初中，由于科目更多，需要掌握的知识量更大（包括大量的课外阅读和练习），尤其是学习的方式正在发生转变，即从被动学习转向自主学习，从接受性学习转向探究式学习。你需要尽快调整适应，只是机械地应付功课肯定是学不好的，你学习时要有计划性，要有主动性，要有一种在课内课外自觉积累的意识，更要有一股积极思考钻研的毅力。

第三，找到适合自己的学习方法。除了天赋和努力，影响成绩更大的因素就是学习方法。我认为绝大多数所谓的“学霸”都只是掌握了良好的学习方法罢了。比如，在阅读上要做到精读与泛读结合，只知道闷着头死啃字句的读法，低效且徒劳。再拿你比较头痛的数学来说，更讲究方法。我一直认为，要学好数学，固然需要高阶思维能力，但想要考个好成绩，并不见得要有特别天分。解数学题就像“抓兔子”，你明明知道答案就在眼前，但它就像那只忽焉在左忽焉在右的兔子，你就是抓不住它。怎么办？这就需要一种特殊的直觉。直觉来自哪里？很可能来自你做的练习，尤其是其中的错题。练习不是做得越多越好，如果不善于总结、梳理、反思和提炼，也是低效而徒劳的。重要的是专门弄个错题集，时时温习。为什么？透过错题可以看见我们知识的短板、思维的漏洞，解决了错题就是延伸了我们能力的边界。我们不能把大量时间浪费在做一大堆对提升思维质量没有帮助的题目上面，有太多题目，涉及的知识含量和思维路径是一样的，只是换了一个“马甲”而已。而学习者应该建立起这样的直觉：小样的，别以为换了个马甲我就不认识你了！还有，在数学学习上也要懂得精泛结合，抓住关键节点，正如数学特级教师俞正强说的，同样是数学课，有的是一般课，有的则是“种子课”。种子课其实就是生长课，充分而透彻地弄懂了种子课的关节脉络，经验会生根，思维会发芽，探究之心会蓬勃生长。把这样的“种子课”的内容学好了，琢磨透了，咀嚼消化了，是可以融会贯通的。这才是真正有效的学习、有质量的学习。

最后，我希望你在提升成绩上不要太心急，别想一口气吃成个胖子。学习的长进终归是一个循序渐进的过程。此外，我也向来不认为分数是直接对应于一个人的学习水平和综合能力的。分数就像浮标，核心素养才是水面下的大鱼。有时候浮标晃动，不是大鱼咬钩了，只是风吹皱了一池春水而已。我们要抓“大鱼”，要追求“看不见”的成长，不能被表面的东西扰乱心境。

如果把人比作一棵树，暂时没有枝繁叶茂、花团锦簇不必着急，重要的是，在那看不见的地底下，根是不是在努力地生长！

越自责，可能越堕落

我学习的自律性太差了，就是那种说着励志的话，却过着颓废生活的人。我越来越讨厌现在的自己，终于活成自己讨厌的样子了，我该如何做？迷茫……

从古至今，对于所有人来说，做到自律都不是一件容易的事。古人之所以强调“礼”，就因为它能起一个规范、约束的作用，循礼行事，久而久之，外在的束缚也就内化为个体的自觉了。但这个过程可不像说起来那么轻松，否则像朱熹他们这些理学家就犯不着几乎咬牙切齿地一遍遍强调“克己工夫”的重要性了。

所以，如果你自感自律性太差，当然需要加以改变，但千万不要对自己下手太狠，讨厌自己，嫌弃自己。我们都是普通人，是需要一辈子修炼，但可能永远达不到完善境界的普通人。我们身上都有很多的弱点，承认这些人性的弱点，而不是一次次痛心疾首地发誓要洗心革面重新做人，保持一种相对理性平和的态度，才有可能开启我们完成蜕变的旅程。

不要自责，尤其不要过分自责！过分自责将使情形变得更糟，因为它会让你厌恶自己——而且你确实变得“越来越讨厌自己”——因为这种自我厌恶，是不可能给你的行动提供足够的“燃料”的，结果就是堕入“自责—堕落—再自责—继续堕落……”的死循环中。

我来讲一个作家的故事吧。

这位作家很有才华，但个人生活颓废，完全无自律，而且，他从来不缺乏哭着喊着要振作、要自律的强烈愿望和夸张声明。有一天，因为痛感自己无所作为，决定好好努力，于是在日记里写道：“明天起，要紧张些才好，近两三年来，实在太颓丧了，可怜可惜。”两三天后，他又一次发狠道：“我很想振作。”“我打算于明日起，再来努力。”“打算从明天起，再发愤用功。”这些话反复出现在同一天的日记里，足见他心意之诚、决心之大。

十天过去了，他又开始自责和表决心了：“洗了一个澡，换了一身衣服，打算从今天起，再振作一番，过去的一个礼拜，实在太颓废。”

然而，发誓后的第二天中午，他酒又喝多了，下午打牌。当天，他痛感自己因沉湎酒中而身体虚弱做不得事，仍然还在发誓：“振作的事，当自戒烟戒酒、保养身体做起。”

又是五天过去了，其间却仍然是痛快喝酒，以至于喝多了头痛难受。他的发誓也变得越来越像是个很不成熟的小孩子的玩闹：“饮酒一斤，已有醉意，这两天精神衰颓，身体也不好，以后总要振作振作才好。”

仍然是喝酒，仍然是感到孤独，仍然是无聊，仍然是感到做人的无意趣，几天过去，月底到了，他为自己做了一个小结：“从明日起，我已无职业，当努力于著作翻译，后半生的事业，全看今后的意志力能否坚强保持。总之有志者事竟成，此话不错。”

但是第二天他又在那里说：“明天起，当更努力。”第三天醒来后却因为天气不好，而“不能振作有为”“又萎靡了”。第四天喝酒又多了，醉了。第五天仍是喝酒……几天后又是喝醉了，并且想到身世之悲凉，“一个人泣到了天明”。很快，到了他要离开广州去上海的时候了，那一天，当然又是喝酒，“醉到八分”。照例在那儿信誓旦旦：“此番上上海后，当戒去烟酒，努力奋斗一番，事之成败，当看我今后立志之坚不坚。”

然而，一个月后的同一天，在上海，我们可爱的作家又一次痛饮一番，“醉了，醉了”，又一次发出了已重复了无数遍的宏愿：“从明天起，当做一点正当的事情。”此后的若干天里，全是这样的话：“洗了一个澡，就是把旧习洗去的意思，断酒断烟，始自今日。明天起我将变成一个完全的新人，烟酒断除，多做文章。”“从今天起，我要戒烟戒酒，努力于我的工作了。”“从明天起，我一定要努力于自己的工作了。”

…… ……

就这样，像你一样，这位作家“说着励志的话，过着颓废的生活”，显然他也“越来越讨厌现在的自己”。他那么渴望自律，但没有成功。

这位作家就是中国现代爱国主义作家——郁达夫。

郁达夫的这些折腾看起来像一个笑话，他想要自律起来的决心大不大？大！但有没有用？没有。他几乎每天在撕毁与自己的约定，于是每天都处在自我遗弃之中。感谢郁达夫在日记里如此真实地记录自己试图走出颓废的历程，他的故事提供给我们的最重要的启示就是：面对自己的弱点，不要喊口号，不要发狠话，不要寄希望于发誓——听说发誓本身就有打脸的意思。还是需要理性地来看待自律不自律这回事儿。

我们在某件事情上不自律，有时候是因为对那件事情的渴望不够（真实的渴望不是体现在言语上的），所以动力不足，不想去做；有时候则是因为对那件事情有着过于强烈的渴望，所以反倒需要想办法去抑制或“戒断”。比如一个懒洋洋不想学习的人，在打篮球这件事上根本不需要动员，不需要寻求心理支持，无论天气炎热还是寒冷，他都会兴冲冲去打。我们把这种只想着打球却不想学习的人称为“不自律”的人，并且在价值上予以无情的贬抑，甚至深感讨厌。可是这样的态度是理性的吗？如果情况反过来呢？如果你是只想着废寝忘食的学习，却对打球提不起丝毫兴致的人，你是否会说自己不自律，是否还会说“终于活成自己讨厌的样子”？

看来，我们对于“不自律”的态度，是因事而异的，或者说是有着近乎先天的偏见的。所以我的建议是，不要再苛责自己的自律性差了，而要好好想想为何在学习上缺乏自律性和自觉性。

其实不用怎么想就可以想见，学习动力偏弱、学习渴望不强的原因就是缺乏足够的兴趣，缺乏愉快的体验，较少或很少从学习中品尝成功的滋味。因此，你想让自己增强学习的自律性，就得在过程中找到必要的“奖赏”。这个“奖赏”可以来自别人，如果别人给不了，就要学会自己制造。

一个立志于减肥的人，他在坚持的时候（尤其最初）期望获得的奖赏是什么？是别人看到他时说的那句“你最近瘦了”，是称重量时发现减掉了几公斤，是走路和爬楼梯时不再呼哧呼哧大喘气了，是身心都变得轻盈起来了……同样一个克服惰性坚持学习的人，在艰苦的学习过程中也期望能听到别人的夸奖，能从分数和名次上看到最直观的进步，进而慢慢体会到探索和发现的更多乐趣……也就是说，最开始我们期望得到的奖赏可以是浅薄的，易得的，后来的奖赏才是宝贵的，并且会因为拥有这样的奖赏而对投身其中的事情乐此不疲、欲罢不能，直至根本无所谓坚持不坚持。因为学习和做事已变成想戒也戒不掉的“瘾”——多少痴迷于学习、科研、写作乃至各项事业的人，莫不如此。但我们还是要从因为享用了浅薄、“易得”的奖赏而备受鼓舞开始，就像吃甘蔗从不太甜的头上吃起，慢慢吮吸到根部的甜蜜一样。

有了这样的理解，我建议你也可以在学习上“打卡”（但不是说大话那种）。因为你是初中生，与手机和网络需要保持一定的距离，所以不适合在微博或微信朋友圈里频繁打卡，打卡的间隔可以放长一些，或者自己找个笔记本做记录也行，比如设计一个有“学习时长”“学习态度”“学习成果”等条目的统计图，也可以分别画出几条走势曲线之类……家人鼓励的眼神和笑脸、陌生人或朋友的点赞、那几条曲线的上扬姿态，都会成为你最初的奖赏，并慢慢累积起成就感，直到真正爱上学习——那时候也就无所谓自律不自律了。

也许，你只需要坚持30天。30天里保持初心不变，30天后更没有变的道理。

“坏”同桌逼出更好的你

我的同桌成绩很不错，有时我想借她的课堂笔记或作业本看，每次她都不肯。后来我发现别人向她借，她却同意。

有一次，我问她某个单词怎么拼？她说不知道。可后来我看见她作业本上的相应空格里写着一个单词。我就再次问她那个单词怎么写，她说自己也没写出，然后就把作业本收起来了。

我可以明显感觉到，她一直像防贼一样防我，为此我心里很难受。她为什么要这样呢？还是我太敏感？

你既不是太敏感，也不是太迟钝，你的感觉刚刚好。但我希望你别急着难受，她提防你，或许是因为在意你，把你看成了一个有竞争力的对手，别人或许还不够分量和资格呢。——这种“阿Q”式的心理，只是让你暂时舒缓一下憋屈的心，别太当真了。

同学之间竞争意识太强，这是不好的，当下过度强化竞争性的教育生态，并不利于孩子人格健康发展。但是这种局面一时无法扭转。如果你的同桌以一种“零和游戏”的心态来看待你们的学业，确有偏颇狭隘之处。你受益了，并不意味着她受损，对吧？学习中的合作可以让双方共赢。

但她不肯借、不愿帮，那也是她的权利，你不能勉强。而且我总觉得你同桌“像防贼一样”防着你，其真正的心理动机，未必就是出于自私，而只是想通过自己的“不愿意”来表达她对你的“不满”。也许你需要反思一下：你借笔记、抄作业本是不是太频繁了，以至于经常打扰到她？你有没有不经她同意去翻找她的抽屉，擅自翻过她的本子？你是不是曾经因为某次她没借笔记给你，就跟别人去抱怨她小气？……诸如此类。

此外，我刚才说你通过借作业“受益”了，这只是一个虚拟的说法。事实上，你并没有从中受益，反而在“自毁”。你如此习惯于向同学求助，又是借笔记本、作业本，又是问答案，我很好奇，你自己平时不记笔记吗？你的作业都要靠别人来完成吗？你上课时从不认真听讲却总在之后向同桌东问西问吗？如果在学习上你真的太依赖同桌，那么她不肯帮你就更可以理解了。从某种意义上说，你应该感谢她，她是在“逼”着你养成良好的学习习惯。——这样的想法很不“阿Q”，但能让你进步。

我希望你尽快摆脱掉对同桌的依赖，独立自主地投入学习，自力更生地完成作业。听说过“司机与乘客理论”吗？同样是到一个陌生的地方，司机去了一趟就对路径了然于胸，而乘客去了十趟可能还是糊里糊涂，为什么？因为司机必须独立驾着汽车寻找前行的道路，每一个标识、每一个岔路、每一个转角……他都必须细心观察和亲身体验，在这过程中他是一个最高效的学习者，而乘客则不必费心费力，他的习得效率也就大大降低了。你应该自己来当善于学习、懂得自我管理的“司机”，而不是成为一个只知道依赖同桌的充满惰性的“乘客”。

你已吮尽甜味，别舍不得“甘蔗渣”

都说学习要互帮互助，但我老是害怕别人学到我总结出来的东西，总是遮遮掩掩自己的笔记。上星期，老师把我的笔记公布在班里分享，我很崩溃啊。我一直不明白，凭什么我辛辛苦苦总结出来的东西，别人轻轻松松就能得到。我觉得只有别人也给我笔记才算公平。我是不是太自私了？这样学习好痛苦啊，我很想调整一下自己的心态。

我理解你的这么一点“自私”。说起来，谁还没点小私心呢？所以呢，我会劝你别太苛责自己，不要让一颗心老是在“天人交战”中撕扯——一头是应该无私分享的“天理”，一头是不愿分享的“私心”。当然，我知道几句这样的劝解是没用的，你且听我慢慢道来。

在学海里摸爬滚打了这么多年，我对学习这事儿多少有点心得。除了天赋和努力之外，学习方法的确重要。你善于做笔记，能自己做总结，这就是“会”学习。可是，一个人好不容易梳理出知识要点，形成笔记，却被老师公布出来，让所有同学都轻松分享，你心里有点“崩溃”。但我要说这个“崩溃”不太值得。因为你最“硬核”、最“精华”的部分，并没有因为分享而丧失分毫。你自己“辛辛苦苦”，绞尽脑汁，对知识加以整理、琢磨、萃取、总结，这个过程才是你这份笔记最有价值的部分，正是这个过程才赋予你最贴身的感觉和思维能力，不会丢失，不可剥夺，谁也无法顺手牵羊拿走。满满的收获，就藏在艰苦的求索之中。漂亮的笔记，是你从粗糙中“磨”出来的，从芜杂中“理”出来的，从混沌中“悟”出来的，那份磨出来的精练、理出来的清晰和悟出来的真知，都是热气腾腾的，它们只可能属于你一个人。

你做笔记、做总结的过程就像在吃甘蔗，你不断地咀嚼，在咀嚼过程中吮吸甘蔗的全部甜味，然后吐出了甘蔗渣，你最后形成的那份笔记就有点像那甘蔗渣。这么说有点过分，但离事实也不太远，否则，岂不是抄抄笔记甚至复制粘贴就能学习好了？没有像你那样来一番“辛辛苦苦”的历练，基本上尝不到学习的“甜味”。“纸上得来终觉浅，绝知此事须躬行”，陆游的这句诗可谓道出了学习的真谛。当然，老师的公开展示也并非全无意义，可以让其他同学得到一点启发：笔记可以这么做！

估计很多人还是不太服气，提炼很精心、总结很到位、呈现很漂亮的笔记，怎么与甘蔗渣相提并论？那好，我问你，在我们日常学习的方法中，真的有什么特别了不起的“独家秘方”吗？祖传的，效果神奇，点石成金，概不外传？并没有。错题集或易错点汇总、思维导图、概要式笔记、异同点直观呈现、化零为整法……用各种表格、用树状图、用矩阵图、用色块、用箭头……差不多也就这一类吧，都是些常见的套路，无非是结合具体的内容进行相应的匹配，所以真的没有什么好藏着掖着的。而且我始终觉得，笔记方法其实并不需要一定之规，非要搞得标准化、格式化、规整又漂亮，最核心的一点是要与自己的学习习惯、思维习惯相适应，硬要照搬别人的笔记方法，有可能既费时又低效甚至无效。因此，别人并不能从你被展示的“武器库”里偷走什么，你乐得大方点。

你已吮尽甜味，别舍不得那点“甘蔗渣”。要搞好学习，学习者的心态很重要。总是患得患失，怕被别人“窥探了去”，心境当然好不了。没有好心情，学习效果肯定会大打折扣。而且，“学习”这个词的疆域是很阔大的，不但要获取知识和技能，更要在探索世界、理解他人、强大自我的过程中，在解决冲突、学会分享、寻求和谐的过程中，获得精神的滋养、心灵的成长，这才是学习的精髓所在。

什么才是你差的那“一点点”?

做每件事情时，我都是“差一点”。数学周考，我离A等分总是差那么一两分；这学期的奖学金，我也是差一点点就可以拿到……为这“一点点”我努力了不知多少，但总是收获甚微。老师好几次说我原地踏步，我也很急，但总是差“一点点”，我该怎么办?

我不知道你喜不喜欢看球？一场足球赛，总会有那么几脚射门“差一点”就进了；有的篮球赛，最后的绝杀投篮往往“差一点”就改变了比赛的结果，甚至是总冠军的归属……你会看到那些球星在错失进球（有的足球打中了门柱或横梁，有的篮球几乎进网却又弹出来）以后，瞬间会表现得很遗憾或沮丧，但很快就把注意力投入到接下来的比赛中。比赛结束后你几乎也不会听到他们谈起这个“差一点”。纠结于所谓的“差一点”，只能让人“差更多”。

我首先会劝你别把“差一点”太当回事儿。

我们一生中会遇到很多“差一点”：差一点考上心仪的大学（如只差3分，如填报志愿时一念之差），差一点拿到称心的录取通知书（如已过“三面”，却在最后关头被刷），差一点追上心动的女（男）生（如一切顺利，却横生波折）……

我们一生中会遇到更多“差一点”：差一点从树上掉下，差一点没赶上末班地铁，差一点连中学都没得读，差一点毕业都成问题……

前面的“差一点”，使我们没有变得更好，所以我们感到遗憾；后面的“差一点”，使我们没有变得更糟，所以我们应该庆幸。然而，我们几乎只会把注意力放在遗憾上，于是就会怪这个“差一点”那个“差一点”。其实“差一点”本身是公平的，如果放在更大尺度的时空范畴里，“差一点”的事几乎均匀地洒在生命的方方面面，有好的，有不好的，我们需要照单全收。

有人喜欢扯什么“魔咒”。某人总是“差一点”——没有拿到冠军、总是“差一点”——与成功失之交臂，好像是被施了可怕的咒语。这样的表达，其实只是语言学上的花招。事实是，那些拿到冠军、获得成功的人恐怕也会有“差一点”没有做到的，但我们不会说他们被施加了“幸运咒”。相对于“失去”，人类对于“得到”没那么敏感。我们下意识里会认为“得到的”是自己该得的，而“失去的”是自己不该失去的。

所谓“魔咒”啥也不是，但是，当你对“魔咒”认真的时候，心理学上的花招就开始登场了。“魔咒”正是在你特别在意它的时候现身的，有点像“越怕什么，就越来什么”——这正是心理学上著名的“墨菲定律”的通俗表达。

当年围棋界的顶尖高手马晓春，业内人士公认他当时已是世界围棋第一人。但自从他在一场比赛中“差一点”（半目劣势）——输给了韩国的李昌镐后，从此他遇李九连败，再无胜绩，甚至在几乎赢定的情况下也会莫名其妙输掉。不少棋界人士认为马晓春后来根本不是输在棋艺上，而是输在了心理上。

“魔咒”起作用了。它通过对人的心理施加压力起作用。如果一定要说“魔咒”，那它就是一种“心理魔咒”。马晓春真的太可惜，每次都是“差一点”，甚至只差“半点”，但他还是无法逾越那个关口。他的“差一点”不是一目半目的棋子，而是差了一点此番必胜的王者之心，差了一点舍我其谁的雄视之气，差了一点最后关头咬牙坚持的坚忍不拔。

NBA球星喜欢说的一句话是：“永远不要低估一颗总冠军的心！”听了好多年也没有腻。乔丹、奥拉朱旺、科比、卡瓦伊等一众球星真正拥有这样的雄心，才能赢得冠军戒指，在某些时刻甚至会让你感觉上帝也被感动了，比如卡瓦伊最后时刻快摔出底角时投出的那个绝杀球，球在篮筐上颠了四下，居然能落入袋中……

怪不得有人会说这样的话：“差一点”就是差上一辈子，“错一点”就是错过全世界。

关键看，差的那“一点”是什么。

是不是有一丝玄学的味道？

其实没那么玄。

你信中所说的“差一点”，是平时考试的一点分数，我不认为你有执念不忘的必要。我一直认为，分数只是一个浮标，浮标下面才是能力和素养的“大鱼”，我当然不能说分数不重要这样的便宜话，但只知道死盯着“浮标”的晃动沉浮，也可能错过了抓住核心素养这条“大鱼”的机会。人必须学会去努力争取“看不见”的成长！

钱学森劝自己的儿子没必要考满分，数学大师陈省身给中国科大少年班题词“不要考第一”，诺贝尔奖得主李政道也说不要考100分，“扫地僧”李小文认为考5分（满分）就有点亏了……透露出来的意思都是，发展自己“看不见”的真正能力比追逐“看得见”的分数要重要得多，因为很多考试不过是在考查一个人的记忆力和应试技巧，分数体现的是一个人刷题的数量和熟练程度，把大量时间精力耗在逐分上太不值得。我也多次说过那个“非洲毛尖草”的故事。在相当长的时间里，毛尖草看上去都是很矮的，好像停止了生长，但当雨季来临时，它却开始疯长，几天时间就高达一两米成为非洲“草地之王”！毛尖草不长的时候在干吗？它在长根！长达半年的时间里，“看得见”的部分几乎不长，但在“看不见”的地底下，它的根部长得超过了28米！

人的成长与毛尖草的生长有相似之处，都是“非线性”的，不要只看到枝头俏，应更着力于把自己的根长好，才会有“开挂”的时候。我希望你抛开“差一点”的心结，好好修炼自己的“潜功”。哪些“潜功”？就是良好的学习习惯，自主探究的意识，始终葆有的好奇心和想象力，足够广博深入的阅读，充足的睡眠和运动，丰富的生活和自然体验，等等。它们不一定直接地、即刻地呈现为分数和名次的提升，但必定令人受益无穷；即使在考场上没有胜出（其实迟早会胜出的），也会有很好的后续发展、终身发展。

所以你在分数名次上是不是“原地踏步”并不重要，重要的是你需要检视一下，你的学习能力、核心素养之“根”有没有在你“看不见”的地底下生长——呵呵，好像此前也多次说过类似的话，重复了，别嫌弃。

差一点，差的那“一点”究竟是什么，相信你已明白。

学习就像“抓兔子”的游戏

上了高中之后，我突然发现自己好差劲，身边的人都好优秀。明明我很努力，但认真做的作业换来的全是红叉叉，非常打击自信。原本引以为傲的文科，也逐渐成了自己的弱项，真的很难过。这些，对父母都说不出口，一些朋友觉得我是无病呻吟。

自己的退步是看在眼里的，但就是不知道该怎么办，突然很迷茫，前面的路好像迷雾重重，我不敢贸然往前走，很怕下一秒就坠入深谷，真的很苦恼。希望老师能给我一些建议，谢谢。

看了你信中所写的内容，我忽然想起自己求学时父亲对我讲过几次的话。我刚升上高中时，父亲说：“初中成绩好，到了高中不拔尖很正常，因为全县的好学生都汇集到一块儿了！”我考上大学后，父亲又说：“中学成绩好，到了大学不拔尖很正常，因为全省甚至全国的好学生都汇集到一块儿了！”他的表达并不准确，好学生不全是聚集在我身边的，但他劝我“心态要放平”的这个意思，还是令我受益无穷，铭记至今。

你需要确认一下，你的成绩是确实“退步”了，还是相对“下降”了？前者可能是学习能力、学习效率、学习质量存在问题，后者则是因为你开始与一些更优秀的人成为同学，所以显得落后了。

在标准化学习的赛道上，人天生是不平等的，有的人学习能力强但不见得会考试，有的人考分不错但其实并没有什么学习天赋。我读高中的时候，有的同学熄灯以后还燃烛苦读，连头发都因为瞌睡被烧掉了，但成绩还是很差。记得有一次某位同学在寝室里点烛读书，结果自己睡着了，蜡烛点燃了蚊帐，差点引发一场火灾……我自己成绩是一直不错的，不喜欢这种血战到底的方式，课间了会到外面转转（呼吸一下新鲜空气，有一阵子是拼命去练单杠，听说这样能让自己长高一点），熄灯了马上回宿舍睡觉（但睡前一定会回忆一下今天学习的内容）。我从来不认为在学习上，苦熬死磕是管用的。

看得出来，你对成绩是有要求的，这很好。但正因为你有较高的自我要求，我觉得你反而需要缓解一下过于紧张的心理，让自己有颗“大心脏”。你需要认识到，成绩有些起伏是正常的，不要患得患失。我不知道自己的经验对别人是否有用？我刚升入高中时，成绩在全年级属于倒数第几名吧，同桌的考分好像比我高了至少四五十分，名列前茅。但我是属于没心没肺的类型，完全不受任何影响。半个学期下来，冲到了前三，一个学年下来，还是前三，很快我就明白，原来升学进来的分数不能说明任何问题。我提起这段往事，是想告诉你，进入新学校、新学段以后，就不要再把以前的成绩当回事，所有人都站在一个全新的起点上努力拼搏。一定要想明白，一个以第十名成绩考进来的学生，考到了第一百名，他不是“下滑”了九十名，而是自己“挣来”了第一百名。

我总是说，学习是一个长期的甚至终身的过程，要做一个有后劲的孩子，必须从一个长时段来看待成绩。以我对教育这么多年的观察和体验来说，抛开绝对的天赋资质以外，小学阶段，学习成绩主要取决于习惯和态度，这是父母帮助你完成的；中学阶段，拼的主要是学习能力和方法，这是需要自己来摸索和领悟的。中学生很难再靠死记硬背来获得好成绩，不能再闷着头不计效率地看书做题，而是越来越要讲求学习的效率和质量。

如何提高效率和质量，这个真的很难说，但既然你信任我，而我自己又学得还不错，就勉强答复一下。比如你本来挺强的文科，现在为何反而成了弱项？我至今深信不疑但总有很多人怀疑的“不二法门”就是，保持大量的课外阅读！我觉得一个人的理解能力、书面表达能力，根本离不开有营养的阅读——但是请记住，今天很多学生喜欢的玄幻仙侠作品里是没啥营养的。再比如，很多人望而生畏的数学的学习，只要不是往未知的空气稀薄的“高寒地带”走，其实并不可怕，都是在抓一些已经在笼子里（至少是在已知的树林里）的“兔子”罢了。不管题目如何变形，基本的思维路径都是万变不离其宗的，你只要懂得融会贯通，举一反三，学会让知识“点”连成“线”，再让“线”编织成“面”，让“面”形成多维度的“体”，最后让“体”构成一个“场”，解点题目不是小意思吗？我这么说是因为我高中比拼解数学题目时，已经到了在各类题集（当然不是奥数题集）里不太找得到难题的地步——而我一直毫不讳言，我清楚地知道自己其实并没有任何数学天赋！

不要有太大的心理负担，考试成绩不理想，也不是什么丢脸的事情，何至于跟父母开不了口呢？即使成绩真的相对落后，你也应该让父母知道，你其实一直在努力，也许他们还会点拨一下，让你不至于盲目用功，而是更懂得精准发力。短期内成绩上不去没啥了不起的，关键是学习心态千万不能崩，别把自己想象成在迷雾中寻路、害怕坠入深谷的孩子，一切都没那么严重。你不如想象自己是一个抓兔子的孩子，兔子就在这片林子里出没，相信自己迟早会抓到它的，如果真的抓不到也没关系，因为它可能暂时逃出了你能力的边界。在你不那么苦恼，不那么焦虑，放平心态的时候，它也许就会出现。

进入知识迁移的真学习

我总觉得科学老师现在教的内容太浅，什么都是“以后会讲的”，自学又不方便，没时间，怎么办？

我想起了当年采访过的一位物理特级教师，原杭州二中校长，浙江省功勋教师徐承楠讲过的一个小故事。他说当年他发现班上有一个物理特别牛的学生，就允许他不必上物理课，自己可以随时出去，自学更高阶的内容。

应该祝贺你在科学学习上有较高的天赋，这很好。老师应该能注意到你吧？如果没有，你其实可以直接跟老师交流。如果老师发现你是一个天赋超群的好苗子，应该会给你增加一点强度的。如果在常规课程体系里没有分层教学，学校里是不是有针对特长生的兴趣班？如果有，不妨加入。

还有，跟父母说过吗？当父母了解到课堂里的内容“喂不饱”你的时候，可能会给你选择更多的参考书哦！学习本来就是因材施教的，你愿意学，也有能力学，那么一定会有更艰深的内容等着你，到时候可别后悔哟！

但是，最后我想说几句也许你不太愿意听的话，那就是我还有一点小小的存疑：你到底有没有进入“真学习”的状态？要知道，很多科学的内容，看起来本身是简单的，可能只要记住几个要点、能够顺利答题就可以过关了，但要真正吃透其概念的内涵，并且能够实现向真实生活情境的迁移，充分调动了高阶思维，才算是进入了所谓“深度学习”的阶段。所以，很有可能，你以为的“浅”，只是因为还没有领会到知识之“深”，没有让自己的科学核心素养获得培育和发展。现在中学阶段正在着力倡导的项目化学习、综合学习等，都是看似简单浅显其实向着生活的广处迁移、向着思维的深处伸展的学习。所以，真心希望你能从浅处出发，逐渐认识科学知识海洋之深广，领略到这一学科的真实魅力。

精神的“懒”会带来身体的“困”

我在学习上跟不上大家，一方面，我特别容易犯困，我们每天晚上9点30分下课，我大概10点多上床睡觉，也没有玩手机，可几乎每天上课都会打瞌睡。

另一方面，我的理解能力好像特别弱。老师上课讲的东西，我都很难理解，下课去问老师，老师给我讲了四五遍，我还是懵懵懂懂的。有的时候，老师讲的时候我感觉理解了，可是一回到座位上，发现自己又不会做了。生活中也是这样，参加运动会等活动时，对于同学们讲解的规则，我都感觉有点懵，只好反复问同学，把同学问得都不耐烦了。

我觉得自己也是一个有点玻璃心的人。有时候别人的一个漠视，一个不耐烦的表情，就可以在我心里插一刀。

你说是犯困，我看是犯懒。当一个人犯懒的时候，最容易打哈欠或者打瞌睡，而且还容易把哈欠和瞌睡打成习惯。有的懒人，一天到晚睡觉，却还是哈欠连天。

如果全神贯注，如果兴趣盎然，如果大敌当前，即便睡眠时间不够，神经也绷得紧紧的，绝对不可能犯困打瞌睡。何况你的睡眠还足够。

所以我只能说你犯懒，是思想上的懒带动了身体上的懒，没有积极地投入思索，没有带着一种紧张感跟随老师的节奏。只要人坐在课堂上就是学习？如果没有充分调动自己的能动性，只是迷迷糊糊的，懵懵懂懂的，似听非听，似睡非睡，那跟学习就没有一点儿关系。

因此，才会有你的“另一方面”：理解能力好像特别弱。你在听讲的时候，有没有让自己紧张起来，兴奋起来？有没有一股钻研的劲儿，有没有不断琢磨、不断探究的意欲？很可能都没有，你在散漫的状态里听到所有的话都只是声音，而缺乏意义。声音是表象，意义藏在字面后；声音可以被动地接收，哪怕你昏昏欲睡，而意义则需要你调动自己的全部感官和智能，去主动地挖掘和获取，这样才会有真正的思考。你只是被动地听着，那么哪怕老师讲了再多遍，也像水浇鸭背——所有的水珠都滚落下去，你没有吸收半滴知识。

无论听讲还是阅读，最忌讳的就是漫不经心，缺乏精神。学习、工作时，要始终有一份警觉和清醒，这份警觉和清醒是怎样的呢？“如居烧屋之下，如坐漏船之中”。当困懒发作、神游天外时，你不妨想象自己正驾驶着一辆高速飞驰的汽车，路边就是悬崖，这时候哪里容得下一秒钟犯困发呆的余地？

醒醒吧！

除了专注力之外，理解能力还跟很多方面相关。比如，可能跟阅读能力欠缺有关。吴军博士说过，很多人数学学不好，根子在阅读能力低下。教育家苏霍姆林斯基则说，有些孩子的阅读都只停留在能把句子读下来，还没能自如地抓取意义。比如，也可能跟真实情境下的经验欠缺有关，因为无法与现实对接，文本的真实意义就得不到呈现。再比如，还可能跟逻辑能力偏弱有关，无法把一些零散的知识“点”串成“线”、形成“面”、构成“体”、合成“场”。

不过，凡事都有两面性。接受知识慢的学生，也有可能掌握得更扎实、更深入，那些接受快的、理解快的，俗称“聪明”的学生，其实倒容易浅尝辄止。

这也是为什么我一直强调“后知后觉”特别重要的原因。“先知先觉”者，因为没有遇到什么理解障碍，一切都很顺利，太顺滑了，反而会失去深入思考探究的机会。“无知无觉”者，就是前面说的犯困犯懒、混混沌沌的人，从来没有真正的思索。只有“后知后觉”者，因为碰到了困难，遇到了问题，产生了疑惑，于是不断琢磨，不断研究，不断反思，最后反而有结结实实的收获，这就叫“困学勉知”。

我希望你能摆脱犯困犯懒，变得警觉清醒；超越不知不觉，进入后知后觉。

最后说说你的“玻璃心”。透过这颗玻璃心，我发现了你一点也不笨一点也不傻，因为你对于别人的表情言语神态之类，有着这样突出的敏感性，有着这样强大的解读能力。看来，你是把聪明用错了地方，对于学习，不妨更敏感些，也就是我强调的警觉清醒；对于别人的看法，不妨钝感些，不知不觉可能更好。

接受“起跑线”，抬高“天花板”

我是一枚高三党。我是农村学生，上的是小县城的高中。通过网络，我看到了很多大城市孩子的生活和经历，看的时候总有点……卑微感吧。

我在微博上关注了一个女生，她考上了北师大。当时会关注她，是因为她经常分享学习方法。看她谈自己的过去，她说曾经在国外游学时遇见过的学长学姐对她帮助很大，让她坚定了信心。她经常分享自己去各地参加比赛的照片。看她的微博，是一种我不曾经历过的完全不同的人生。

还有就是和QQ上的一些网友聊天时，他们偶尔会说到“要去练钢琴、练芭蕾，先下线了”或者是“接下来要出国了，一段时间里不聊了”这样的话。我们的学校、家庭都不一样，让我不好意思谈自己。

我没看过多少书，也没有练过什么特长，我的成绩一般，学校一般，我没有坐过高铁、飞机，没有旅行过，我什么阅历都没有。我有点难过，虽然我知道要靠自己，但还是觉得有些东西已经比不上别人了。

每个人的成长都会受到家庭或他人的影响，如果说你的出身和家庭给了你一条“起跑线”，那么他人（包括老师学长、朋友同伴、明星偶像，广义地说也包括“读万卷书”和“行万里路”）的影响和引领，在很大程度上构成了你的“天花板”。

你因为“起跑线”一般，经历相对平凡而心生卑微，可以理解，但实无必要。无论起点如何，你正在接受的正面影响和引领，将抬高你发展的“天花板”。那位考上北师大的女生，她所分享的学习生活尤其是那种令你羡慕向往的人生；那些QQ网友，他们展示的对你充满诱惑力的生活学习状态……他们用自己更宽阔的视野开阔了你的视野，用自己显得超越庸常的生活（其实有一部分也不过是展示给你看的而已）开启了你更大的可能性，换言之，因为你们之间存在交流，他们的世界唤起了你进入的意愿，带动你趋近的思维和情绪，实际上已经在影响和引领你。

这样的影响值得你珍视。有位叫另维的作家写过一本书，里面讲了个故事：“我”到国外读大学时，感觉压力很大，时有放弃之心。后来认识了一位同学，同时是个经常要参加全国比赛而不得不缺课的运动员。学习节奏很快，但那位同学善于管理时间，追求极致效率（具体如何不细说了），居然在拿下全国总冠军的同时，学习成绩也比“我”要好。“我”受到了积极影响，也学会只争朝夕，见缝插针，在紧张学习之余“拼”出了一本畅销小说。

这样的影响，用一句很土的话来说，就是：“榜样的力量是无穷的。”记得罗振宇在2020跨年演讲时立过这么一个志愿：每周要不带任何目的地去找一个有趣的人，聊一会儿天。他说这么做，会像一个攀岩者找到可以借力的抓手。这么做说白了就是要尽可能让自己受到正面影响和引领，唯其如此，梦想才会变得触手可及。对了，另维的那本书名叫《每一天梦想练习》。

我一直说，身边有优秀的人，或者只要你能直接感知到既优秀又努力的人的存在，就是幸运的。他们有点像当年吸引着俞敏洪想走得更远的“地平线”一样，会激发你去努力的潜能，会唤醒你对于美好的饥渴感，从而带领着你走向诗和远方。

说回你的可以理解但无必要的卑微感。人与人之间起点和现状不同是一个现实存在，我们不能勉强。重要的是不能停留在嗟呀叹息、自怜自艾的状态里，而是行动起来。我写过《舍弃荣誉》一文，劝那些起点条件优越（比如有着良好家境，就读名牌大学，拥有国际背景，等等）的人不应该迷恋于眼前的荣耀，因为“人生是被一个又一个亮点照亮的，为了创造新的亮点，你可能需要随时忘记你正在拥有或曾经拥有过的荣光”。同样我要劝那些因为起点条件一般而难过的人：你现在的黯淡，正是为了衬出未来的绚烂。而如果卑微感挥之不去，也无妨，就像心理学家阿德勒“自卑与超越”补偿理论所揭示的，它会成为你寻求人生开挂的强大动力吧。

最后还是来“辩证”几句吧。他人的影响固然很重要，但终究只是外因，只是助力。路终究是要靠自己走的。几乎没有不孤独的奋斗，很难有始终同行的朋友。用另维的话说，我们都是和自己赛跑的人。你需要跑赢的不是别人，甚至不是影响你的人，而是你自己。

自由落体不是自由，逆风飞翔才是

> 这个寒假因为疫情无限延长，我的自律性也严重下降，本该二月就完成的作业拖到现在都还没完成，几次想好好学习都只有三分钟热度。为什么我在学校里能够全神贯注地上课，而在家上网课就无精打采？有什么办法能提高自律性和学习的效率？

都说学渣与学霸的距离只差了一个假期。这一个意料之外的超长假期，可能让学霸更加一骑绝尘，也可能让原来成绩平平的同学成为一匹逆袭的黑马。

秘密就在于，同样一段时间，在不同学生身上发挥着不一样的效能。自律的孩子一路加油狂奔，而不自律的孩子却在怠速空转。谁将变得更优秀，不取决于条件的优越与否，而越来越取决于学习者是否拥有自律性，是否善于自主学习。

你的这个假期显然过于松弛了，而你也意识到了这个问题，并且深感焦虑。随便搜索一下互联网就能读到许多心理学者和教师们写的相关文章，指导学生们如何加强自律，提高效率，降低焦虑，等等。

我不太相信一篇文章能够瞬间让一个人在认识上醍醐灌顶，在行为上脱胎换骨，一封信同样不可能有这样的奇效。但我相信任何的改变都是源自于心中有所触动，并因为这样的触动而获得自我提升的契机。

我的第一个建议，跟许多专家老师说的差不多，那就是要学会制订计划。凡事预则立，不预则废，这是最简单的道理。但我要强调的是，我们制订的计划必须是“看得见、摸得着”的。

所谓“看得见”，是指这个计划要让自己和他人感受得到，尤其是计划的进展情况，最好能以一种直观的方式呈现。你知道为什么很多在朋友圈里坚持打卡的人，一般来说更能够坚持、显得更加自律吗？因为那些App推出的学习、健身等计划，一定会用肉眼可见的方式让你清楚地看到自己的学习成果：进度条到哪儿了，在所有参与者中排名如何，坚持的天数几何，离完成阶段性目标还有多少差距……

所谓“摸得着”，是指你所制订的计划一定是切实可行的，任务的小目标一定是通过努力可以达成的。二月份就该完成的作业拖到现在还没做，就如同欠下了一笔巨额债务，想要一天之内偿还不太现实，直面那一个大数字你说不定会望而生畏，结果就是一次次放弃，索性“摆烂”。你不妨对任务进行分解，每天完成一个近在眼前的小目标，比如学习几个小时、看多少页书、做多少道题……迈小步，不停步，慢慢累积成就感，到一定时候蓦然回首，会惊觉自己原来已经走了好远的路程！

我的第二个建议，是放弃一部分的“自由”，主动要求父母和老师的监督。

你在学校里上课能全神贯注，缺乏监管时则无精打采，说明你对来自外界和群体的压力是有一定需求的，他人的压力在一定程度上会成为你的动力。这并不难理解，好多成年人喜欢打卡，主动宣示自己的计划，并每天在朋友圈里晒出成果，一方面是在展示自己的努力，从朋友们的点赞里汲取动力；另一方面则借助于朋友们的眼光来造成一种无形的压力，是用一种他律的方式，来践行本人的自律。

即便如大文豪鲁迅，有着极其强烈的创作内驱力，也有着常人不可及的自律精神，但他每一部作品的诞生，几乎都是被编辑先生们催出来、逼出来的，或者用他自己的话说，是“挤”出来的。《狂人日记》是“金心异”（钱玄同）笑嘻嘻地催出来的，《阿Q正传》是孙伏园紧盯着写出来的，写到一多半时孙伏园出差去了，换了一个新编辑，不会给鲁迅施加压力，鲁迅就马上来了个“大团圆”，让阿Q被杀头，全篇终结——而据他自己说，原本是不想这么潦草地写完拉倒的。

自律性强的人尚且需要约束，当你的自律性不够时，他人的监管、督促就更为必要。一般来说，当你主动要求接受监督，父母、老师不会拒绝。

可能有人会说，有自由不用，还主动要求被管束，这不是贱吗？其实，正如哲学家萨特说的，有多少自由，就有多少自己需要承担的责任。如果没有学会对自己负责，那么所谓的自由不过是失控而已。心理学家弗洛姆为什么说“逃避自由”？因为在“自由”的状态里，你不可能找到任何为自己糟糕的状态开脱的理由。

自由感一定是来自自律的，一定是来自自己克服惰性、懒散而不断趋近于目标的实现的。没有对自己的约束，没有需要心力的“克己”工夫，没有经过克制和努力而达成某个愿望的过程，哪里谈得上什么意志的自由，心灵的自由？

正如我屡次说过的，自由落体不是自由，逆风飞翔才是自由。

我的第三个建议，其实更具体，就两个字：早起。

有一本书挺励志的，书名叫《早起的奇迹》。豆瓣上用一句话来形容：“要么躺在床上等待生活的暴击，要么早起创造奇迹。”真的别小看“早起”，你所得到的远远不只早起的那么一点时间，而是一种完全不同的身心状态。“一日之计在于晨”，这种话因为太耳熟能详，我们都像念经一样说起它，却根本体会不到其真意。只有亲身去做了才知道，早起所“偷”来的不只是时间，更是一种积极的心境，是向上的精神，是满满的元气。你早早起床，无论是出门散步跑步，还是在家里写字看书，都会有一种闷声发财赚了一大笔的感觉。看到那些日上三竿还躺在被窝里的人，看到那些只知道埋头刷手机的人，早起的人会觉得心里美滋滋的，甚至开始怜悯他们。

我精读过曾国藩的家书，曾经有所不解：这么一位出将入相的人物，在家书里怎么总是像个老太婆似的不厌其烦一遍遍唠叨着族中子孙要“黎明即起，洒扫庭除”？后来总算是理解了，一个人只有早起，才会拥有积极的身体状态、精神状态，才会懂得良好的自我管理、自我激励。

写《早起的奇迹》这本书的作者，早期事业很成功，但不幸因为意外堕入了人生的深渊。偶然之间他接受朋友建议开始晨跑，竟然重新焕发生命的光彩。他的“S.A.V.E.R.S.人生拯救计划”，每天早起一小时做6件事，其中字母A代表“真正的自我肯定”（Affirmations），深得我心。

我们会因为早起，找到真正的自我肯定，找到真正的内在驱动力。一切有价值的行动上的改变，都需要有内驱力，这种内驱力一旦拥有，你想停都停不下来。我经常说的“越积极就越积极，越消极就越消极”，就是这个意思。

采取行动、迈出第一步非常重要，有心理学者说这是“登门槛效应”。我们不必理会这个效应那个效应，管用就行。早起，会让你瞬间产生赚了一大笔的感觉，这就是行动的第一步。没有行动，再好的建议都是空的，你想有所改变，就从早起开始。早起干什么都行，哪怕只是做点家务，都会带给你不一样的美好的感觉。带着这种美好的感觉，无论上网课还是自习，都不可能是无精打采、随便应付的，而会全神贯注、主动高效。

上网课没有精神，做事情缺乏自律，归根结底是自己的身心状态不够积极所致。只要你有一个看得见摸得着的计划，能够主动地接受他人（父母或老师）的监督，做到因为早起而焕发自身活力、找到真正的自我确认，一切都是可以的。

在这里我想创造一个新词，不是优越感，而是“优秀感”。何谓“优秀感”？那就是一种美好的自我期许、自我想象，就是“真正的自我确认”，并且你会努力试着去匹配这样的自我期许，去实现这样的自我想象。然后，你就真的变得更加优秀了。

最后我想说的是，我跟你、跟千千万万个凡人一样，也一直挣扎在克服惰性、追求更高的自律性的道路上。这，可能是一辈子的功课。如果年轻时打好底，较快地找到内在动力，进入一个奋进的激流之中，那会少走很多弯路。但不管怎样，“努力”永远都是一个必要条件。哪怕再成功的人，也还是一样要做功课，要懂得克己，要学会自律，因为你的面前永远有阻力，永远有诱惑，只是它们呈现出来的样子不一样、量级不一样、层次不一样而已。人生，没有顺水推舟的借口，只有逆流而上的奋斗。

醒来吧，少年！在面对这个充满不确定性的时代，你必须通过学习提升自己的硬核能力。用学习投资自己，保持饥渴，保持清醒！与你共勉。

乐于助人，不是为了取悦旁人

我一直乐于助人。可时间一长，同学们似乎觉得我好欺负，什么事都找我帮忙。我又不好意思拒绝别人，结果有时为了帮助别人，自己的事都没时间做。事情为什么会变成这样，难道我错了吗？

被人需要的感觉还是挺好的，你乐于助人肯定是因为感受到了帮忙的乐趣。你现在觉得不胜其烦，原因在于你失去了分寸感，对于所有请求来者不拒，结果反倒逐渐养成了别人对你的一种习惯性依赖。同学们其实并没有欺负你，他们只是习惯了，或者说，他们被你这个有求必应的“老好人”惯坏了。

有一位著名的“老好人”，就是现在新东方教育集团的创始人俞敏洪，他读大学时帮同学打了四年开水，拖了四年地，同学们都觉得他干这些活是理所应当。从一个客观的视角看，他的那些同学很不像话，挺欺负人的，但奇怪的是老俞自己没觉得受欺负，他没有半分委屈。所以说，在帮别人这件事上，主观感受很重要。老俞很乐意，那很好，后来他的几位同学就冲着他当年打开水拖地的那份踏实、勤奋劲儿，毅然回国与他一同打拼。老俞是个做非常之事的非常之人，是个例外，他其实有他自己的“心理需求”：找到一点存在感和价值感，融入他心目中更优秀的同学群体，克服当时如影相随的自卑感……至于那个忽悠了同学们加盟的未来，倒是没法预先设计出来，只能说是冥冥中的一点“回响”，成就了一个“中国合伙人”的好故事。

你不是老俞，今天的校园也不是四十年前的校园。你乐于助人，但这并不意味着可以被同学指使得团团转，却让自己的时间被他人的琐事蚕食。那么，你可以明明白白地拒绝。最糟心的事儿就是，你一边赔上时间去帮人，一边自己在那儿闹别扭，既丢了时间，又坏了心情，一无所获，双重损失。问题还在于，把事情甩给你的别人未必有闲心来体察你的所谓苦衷，他们也许还觉得你是心甘情愿的，你说你冤不冤？

你到学校里来，可以乐于助人，但不是为了取悦旁人。这时候，真的需要一点“被讨厌的勇气”。把你的“不好意思”抛掉吧，别人好意思一再麻烦你，你怎么就不好意思拒绝呢？太多的困境其实都是自己造成的。一个被惯坏的孩子固然讨厌，但责任却在那个惯坏他的人身上。当然喽，你刚开始拒绝时，还停留在自己依赖惯性中的同学可能会不适应，甚至会出语讥诮，你要有点心理准备。比如，扔过来一句：“哟，还真拿自己当回事儿呀！”或者抛狠话：“不帮就不帮，有什么了不起！”这个时候你也用不着脸红脖子粗，针尖对麦芒，坚持你的态度就可以了：“不好意思，我真的没时间。”只要你拒绝一两次，别人以后在张口请你帮忙前就会掂量掂量了。你得相信，你这样做对他们也有好处：把随意且过度依赖别人的病根去掉。

什么山上唱什么歌　这山望着那山高

我从小一直很优秀，被众星拱月般，所以目标一直很高。但是到了高中成绩下降后，某些目标变成了不可能。现在临近高考，我甚至怀疑自己是不是好高骛远了，但我又不想放弃，可是看看现在这么点成绩又顿生无力感——我想我再努力也达不到那个目标了。我曾经那么优秀，我真的不甘心，我该怎么办？

经济学家周其仁先生讲话很有意思，他总是能用很生动的语言概括经济现象，揭示经济学原理。谈到今天的企业家可以有什么作为时，他提出了一个“两山理论”，两句话，第一句是“什么山上唱什么歌”，第二句是“这山望着那山高”。我觉得这个“两山理论”也可以用到每个有志于学的人身上。

“什么山上唱什么歌。”

每个同学对于自己在学习成绩上的表现应该有一个总体上的认知，知道自己在什么“山”上，处于这座“山”的哪个位置。虽然我们知道学习是广义的，既有文本化的知识性学习，更有超越文本化知识的综合素质的养成（核心素养），人的智能本就是多元的，不应该被偏于狭隘的标准化的考试成绩所规定，但没办法，在考试成绩这把尺子的丈量下，每个学习者不得不被分出先后、高低。所以，每一位学习者都尽量从自身的“学情”出发，来制订适合自己的目标和计划，尤其是对于名次要持一个相对客观理性的态度。

这种现实的态度其实是积极进取的，它表明一个学习者无论处在什么位置，都要有足够的努力把自己的全部潜能充分发挥出来，不以山高而自傲，不以山低而自惭，只一门心思做最好的自己。正如周其仁说，成功的企业家都是那些能够在条件不够完美、环境不太友好的情形下，以充足的耐心，用不断的试探，把外部世界赋予其的可能性空间用到极致、“用到尽”的人，并且他们随时准备着调整自己的目标和节奏。学习者也一样，既不好高骛远，也不急于求成，要学会用一个个通过努力够得着的小目标来持续地奖赏自己、激励自己，保持对于学习的那份热情和兴趣，不断认清并拓展自己的能力边界，提升自己的核心素养。只要你在也许“看不见”的能力和素养上整体有所长进（也就是我一直唠叨的：不要只看枝头热闹的“开花”，更要看地下默默的“长根”），暂时在分数和名次上的落后就没有那么可怕了，从长远看，你获得成功的概率其实是更大的。

“这山望着那山高。”

刚才已经说得很明白，在这座山上把该唱的歌唱好，并不意味着安于现状。少年总有凌云志，谁不想“会当凌绝顶，一览众山小”？所谓的“望”，就是渴望，就是希望，寄托着一个人想要改变自身境遇变得更好的理想和心愿。但所望的“那山”不是越高越好，如果永远都是可望而不可即，那么便反受其累了，所以我总是劝告年轻人：不要受困于高海拔的理想，要拥抱“刚刚好的理想”。人不较劲不行，但一味死磕也是无益。史铁生说：“人所不能者，即是限制，即是残疾。”我们要认识到自己的“能”，也要认识到自己的“不能”。王坚院士在带领团队开发“阿里云”的过程中，团队中的大部分人都放弃了，他们其实也挺优秀，王坚说：“大部分人一定能上得去香山，但珠峰是再怎么准备再怎么努力也上不去的。”所以人有时候得学会劝慰自己，珠峰顶上的风光，眺望一下也就可以了，眺望本身也可以很美好。这也就是大家屡屡说起的，要学会与自己和解，要懂得接纳自己的意思。

你小时候很优秀，到了高中也很努力，但成绩却下降明显，我不清楚具体的原因是什么。一些很有经验的老师告诉我，有可能是你努力的方式不对头，学习效率不高。义务教育阶段，发育更早或者提前学习的孩子，会比较容易取得较大的领先优势，但那不一定能证明什么，反而有可能会让你迷信既有的学习方式，比如强调记忆、注重刷题，等等，因为那样的方式让你品尝过“成功”的滋味，所以你也就养成了一定的路径依赖。可到了高中以后，一个人如果不能做到真正的有效学习，不能养成良好的学习品质，不能做到自主学习、探究性学习，还是沉迷于死记硬背、使用“题海战术”，而不提高学习中的思维含量，不焕发对于探究与发现的内在兴趣，不追求“长根”的核心素养，那是很难保持优秀的。

所以我给你的具体建议就是：

一、合理制定自己的学习目标。这个目标不是建立在你与别人的相对优势或劣势上的，而是要着眼于你自身有没有通过学习获得能力和心智的真正成长这个层面上，说得更白一点，就是你不要跟别人比，你要跟自己比，而且比的不是分数和名次，你只要把自身的潜力充分发挥出来，把属于你这座山上的歌唱好就可以了。

二、重新审视你的学习方式。不要过度追求表面上看得见的分数和名次，尤其是当分数和名次不能带给你心理上的激励和奖赏，反而让你备受挫败感的时候，你就得看淡它们，好好省查一下自己有没有找对学习的方法，有没有找到自己的兴趣，有没有发掘自己的特长，有没有找到足以让自己重获信心的某个支撑。这个支撑是要你自己去找的，它可以是一个运动项目的出色表现，可以是对阅读或写作的热爱，可以是对一次考试进步的复盘，也可以是来自朋友老师或家人的一句鼓励……在某一个点上建立起来的自信是会迁移的，它会对你各方面的学习产生暗示乃至明示的效果，能带动你整个人的成长。

最后还有几句话。一个人拥有优秀的过去是值得珍视的，但如果曾经的荣光反衬了今日的黯淡，那么还不如忘记它们，因为它们已经成为你继续前进的负累了。就像每次比赛前，高明的教练总是告诫自己的冠军选手要忘掉自己曾经是冠军，希望自己的弟子能够始终持一种“拼”的状态而不是“保”的状态一样。

其实我也知道，不是什么都能靠一番话开解得了的，否则何至于有那么多人作茧自缚而不得解脱呢？人啊，终究会有一点执念放不下！只是，也许我们都分辨不清那一点执念，到底是必要的执着还是不必要的固执，但有一点必须清楚，那就是哪怕凭着本能，也一定要想办法把眼前的路越走越宽，而不是逗留在一道“窄门”前面独自恓惶。

在青春的赛道上绽放“小欢喜”

老师和家长经常说中考决定一生。距离中考已经很近了，我们要抓紧时间。现在，我的压力非常大，我想要轻松学习，但是在压力下，这是不可能的。我很想放松，但是我又怕没有好好学习，会对不起自己，给自己留下遗憾。我非常纠结。

读到你的信，我想起鲁引弓的小说《小欢喜》里的一段话，当时给过我非常强烈的触动：“这满架的紫藤花正在怒放。人这辈子有多少个这样年华、阳光、鲜花、梦幻全都正好在场的瞬间……”

想想就很美好。

而这美好瞬间又是镶嵌在怎样的场景中的呢？镶嵌在所有那些正当青春的少年们在为了前途而努力奋斗的途中。

我对于整个社会过度夸大中高考意义的氛围一直颇有微词，各式各样贩卖教育焦虑的论调扭曲了事情的本来面目，驱迫着、绑架着所有人闷头往前赶，却没有余裕去感受那种“年华、阳光、鲜花、梦幻全都正好在场的瞬间”。

但我也绝对不是那种鼓吹空洞理想的人。作为一个资深的教育观察者和教育体验师，一个同样经历过无数次考场成败并且孩子也正在迎来一场又一场考试的前任学生和现任家长，我知道我们每个人的人生注定与学习考试纠缠在一起，我知道十六岁的少年如同溯河洄游的太平洋鲑鱼需要积蓄力量跳跃一道道拦路的瀑布和堤坝，我知道在专注于眼前的这场重要考试时可能要忽略掉窗外怒放的风景，只有在你真正努力过后回望时，才会觉得那缕若有若无的栀子花香早已深深地镂刻在你记忆的深处……相信我，连教室里大家埋头学习时电扇转动的声音和散发不尽的汗味，你也会怀念的。

是的，从美学上说，再美的风景，如果只是从静观的角度去欣赏，它带给你的愉悦体验完全无法与你自身也卷入、参与其中相提并论。如果没有面前考试带来的压力和张力，鲜花其实没有那么悦目，花香其实没有那么迷人，共同在场的年华、阳光、梦幻也并没有那么摄人心魄。

无论面对学习还是工作，适度的压力和紧张感是无法避免的，其实也是必需的。否则，所谓的“轻松”也不见得是享受。你竭尽全力克服呼吸的窘迫跑完三千米，才体会到自在呼吸的美妙；你紧凑高效地完成了今天学习的一个小目标，才感受到自由阅读的快意；较高强度的学习、运动、劳作以后的那种酣畅淋漓的体验，正是牵引着我们不断奋斗的奖赏。

从你的文字里我感觉你其实啥都明白，只是有一点动力缺失。我并不认为中考决定一生，但我可以确信如果你没有努力争取过中考的成功，很难做到心安理得，就像你自己说的，“会对不起自己，给自己留下遗憾”。在“生命中的湍流区”，就应该顶着压力逆流而上，而不是漫不经心地划水，否则留下的很可能不是遗憾，而是后悔。遗憾是努力奋斗过后的不足，后悔则来自内心里的早早放弃。青春里可以有遗憾，但最好不要有后悔。

我曾经写过，放弃是一件最容易的事，因为要奋力做一件事，也许只有唯一的一个理由在支撑你，可要不做一件事，想“轻松”点儿，会冒出成千上万个借口。但这种放弃的“容易”，只是对当下而言，在接下来的日子里定会有深深的煎熬。所谓“轻松”的背后，也会付出“沉重”的心理代价。这个阶段正是直面挑战的时候呀，不然呢？

当然我不是说你要逼自己太狠，我认为你只要摆脱犹疑不定的纠结状态，专注于学习应考就可以了。压力要适度，整体的心境依然是可以轻松的，疲惫了就休息，困乏了就睡觉，长时间学习觉得枯燥了不妨运动一下，或者就看看怒放的紫藤花……不要鸡血，也不要鸡汤，只要那一份努力之中和尽力之后，无悔无愧的“小欢喜”。

通过高考这场压力测试

我马上高三了，感觉学习压力好大，前途一片迷茫。读了，考不出；学了，不知道学来有什么用——现在学的东西有些很玄乎，它们真的有用吗？真的能为以后大学的学习打好基础吗？

一张张试卷，密密麻麻的题目，今天做了明天就忘，特别是理科类的，这究竟有什么意义呢？

而文科类的题目，有一次我在寝室里抱怨政治课好难啊，成绩很好的寝室同学们分享说："刷题，你刷到一定程度，都不用看题目就能做出来，政治很简单的。"我就突然不知道说什么了，我想从学习中获得什么？我说不出来。或许是因为懒，我也不愿意做除老师布置的作业以外的题目，不像别的同学会做自己买的辅导资料和试卷。

我特别迷茫，不知道该怎么办。

你是从什么时候开始，质疑自己学的东西有没有用的？是从马上读高三开始的吧。为什么这么多年一直沉睡着的怀疑意识这会儿忽然醒来了？是因为你"感觉学习压力好大"，而你正想要逃避这种压力。

学习是否有用，本来不该成为问题。学习是否有用，其实一直是个问题，关键是看所谓的学习是否是“真学习”。但无论“真学习”还是“伪学习”，都是“有用”的，无非前者的“用”关乎一个人心智真正的成长，后者的“用”关乎一个人能否通过考试升学获得进阶的空间——我不想用一种脱离现实的口气批判教育。在今天的语境里，无论怎样的学习总体上都是让人拥有更多的可能性的。但是你，在即将升入高三的时刻，忽然“怀疑主义”爆棚，忽然“形而上学”起来，质疑学习是否有用、有意义，这并不是因为你变得深刻了，而是你与压力狭路相逢了，然后想要为自己的逃避寻找依据。

太多人有过这种自我怀疑的体验，包括我自己。记得有一年我准备考研，进行到一半，天气越来越寒冷，我感到越来越孤独，有个晚上在那儿做题时，忽然一股怀疑的浊浪涌上来，再也无法平息：我为什么要考研？考研的意义在哪儿？我死背这些东西有什么用？它们能带给我什么？考研外面的生活不是更精彩吗？……总之，那会儿我就像个哲学家一样追问一切，怀疑一切，仿佛世人皆醉我独醒，仿佛除了眼前所做的事之外别的一切都有“意义”，都更“香”。然后我就写了一封长信给拟报考的导师，告诉他我准备放弃了。以今天“经验的眼光”来看，情况是一目了然的，我当时就是拿“没用”为自己的偷懒和逃避寻找现成的借口。人是多么“聪明”啊，总得为自己的溃败找些心理支撑，不是吗？

不管是否承认，在我们的一生中，大多数的努力（如果不是全部的话）都是工具性的，而不是终极性的，也就是说我们很多的努力，在过程中收获的价值感和成就感都是相对稀薄的，只有在“完成”以后，无论成功与否，“完成”本身就能带来完满感。我们不应该用终极性的价值来衡量工具性行动的意义。一位钢琴家在练琴时，一位台球手在练球时，如果时刻追问日复一日无休无止地摁动琴键、击打圆球有没有用，哪怕他是郎朗、丁俊晖，大概也会疯掉的。请记住，在努力的过程中，要避免纠结于意义（有用无用）的追问，至少是暂时搁置这样的追问，否则就不会有持续的行动。其实哲学家早就告诉我们了，“意义”不是行为本身禀有的，而是被赋予的。生活自身也不存在“有用无用”之说，当你赋予它以意义，它就有了意义。我很喜欢法国哲学家加缪写的一本小书《西西弗神话》，在那个著名的古希腊神话里，受到诸神惩罚的西西弗不断地把石头推向山顶，但每次石头都会从山上滚下来，西西弗只能永无止歇地把它往上推……这是命运的荒谬，但对抗荒谬和虚无的唯一方法就是去做，“他比他推的石头更坚强”。

我很理解你的怀疑。我也不喜欢一天到晚狂背单词、闷头刷题、对付考试，总觉得那样的“吃相”不好看，但我又能从人们像西西弗一样的执着努力中看到一种可贵的拼搏奋斗精神，他们直面意义的黑洞，没有犹疑，没有停步，没有后退，勇敢地向前走，就像郎朗继续摁键，丁俊晖继续挥杆。相信这一点：只要胸有丘壑，心向卓越，怀抱蓝图和梦想，我们就不会沉沦于庸常，所有的单调重复都会呈现出独特的意义。

上面所说的是不是很像心灵鸡汤？但确实是我的心里话。我们每个人都需要学会适应环境，学会在现实条件的制约下寻求自我更好的可能性。如果我用一种貌似很潇洒的态度对你说：“走吧，离开应试教育的这一套，去放飞自我吧，去仗剑走天涯吧！”那我才是真的不负责任。我们置身其中的环境，一定有其不合理处，我们与世界之间有对抗，也有妥协。哪怕被人说我的观点是“庸人哲学”，我也坚持认为自己并不拥有鼓励别人去冒险、去逍遥、去放弃的资格。我以前也嘲笑过别人“只敢在浅水处嬉戏”，也鼓吹过要“打通成功的任督二脉”，但说句实话，那只是一团情绪在作祟。除非触及底线，更多时候我们需要解决的还是如何与环境和谐相处的问题，是怎样在不尽如人意的情形下，既保持清醒的认知，又有一番隐忍坚持之志，去追逐自己被浮尘挡住的梦想。记得有人说过这么一句话，是我颇为欣赏的：把琐碎的日子堆砌起来，变成一个伟大的生命。

不必追问有用无用，相信努力本身会在你心灵的河床上沉淀一些宝贵的东西。你首先要去经历煎熬，去体验孤独，去面对挫折，去扛起压力，然后才会有此后卸下重负的释然和快慰，才会有“终究不负青春”的心理满足。你可能需要通过一场挑战极限的“压力测试”，与其说是要过高考这一关，不如说过心理强度和精神韧性的那一关，所以不要让怀疑的小小

“蚁穴”，侵蚀你的信念，毁掉梦想的千里长堤。

如果你不曾迷茫，不曾与自我怀疑和逃避放弃之念搏斗，也就不会懂得摒除万千纷扰、重获动力奋然前行的宝贵。人生终须经历一番磨砺，而在你的一生中，可能再也没有哪一年会像高三这般铭心刻骨。每一年栀子花都会盛开吐芳，但这一年的格外不同……

把“专注力”的电池充满，去阅读

您觉得对于青少年来说，经常阅览各种提供碎片化信息的App，会导致注意力缺陷吗？

首先要说明的是，“注意力缺陷”这个表述可能有问题，因为那几乎是一个病理性的症状，或者算是一种精神上的障碍，其成因非常复杂，与经常阅读碎片化信息应该没有太大关系。我想你真正要问的是，经常阅读碎片化信息是否会占据一个人过多的注意力，让他缺乏必要的专注力，无法进行有意义的知识学习和有价值的深度思考，对吧？

浏览网页并且频繁切换，在各种App之间不断刷屏，当然会占据每个人极其宝贵的注意力资源。写过《失控》和《必然》的凯文·凯利提出了“屏读”的概念，认为文字已经从纸张转移到了电脑、手机、游戏机以及未来不知什么样的显示屏上，我们都成了屏幕之民。这些屏显的东西不再具有实体书的形态，阅读者的注意力就像信息一样是流动的，是飘忽不定的，越来越做不到完整地读完一篇文章。所以，经常在网上乱逛、在App上瞎晃的人，确实会显得更加浮躁，更加流于表面，更加没有耐心，更加缺乏持续性和专注力。

从传统眼光来看，过度阅览碎片化信息的弊端确实比较明显，我粗粗把它归纳为这几点：一是浮光掠影，不求甚解。碎片化阅读往往只看事实不究逻辑，只管表象不问原因，甚至连“事实”也是枝节的、片面的、局部夸大扭曲的，至于观点则更倾向于是嚼烂了弄稀了或者加上一些“添加剂”，方便“喂养”和消化的。往往一本论证严密、阐述翔实、满是注脚的著作，出于快餐阅读需要和流量效应的考虑，会被压缩或肢解成几个所谓的“金句”而已。二是信息茧房，自我印证。由于碎片化的信息多是平台根据用户的“画像”精准推送的，读什么不读什么都逃不出“算法”的算计，逃不出自己既有阅读习惯和价值偏好的“茧房”，所谓的阅读不过更像一个自我印证的游戏，很难打破边界获得新知，说得通俗一点，就像小狗转着圈试图咬自己的尾巴，也像是认知上的作茧自缚。

碎片化信息的浏览者自己的体验也并不美好。专注地读完一本书，阅读者会收获一种充实的饱满感；而懒洋洋地花几个小时读了一大堆零碎的信息后，浏览者只会感到内心无比空虚。谁都知道，今天人们最短缺的是专注力。保持专注，就是把一个人的知觉能力调动到最活跃、最有创造力的状态。阅读一本书（当然包括电子书等）是专注，但“灵魂出窍”般地刷手机屏幕就不能算专注——有人盯着手机浏览一个又一个页面、消费一段又一段短视频，可以毫不疲累地消磨到半夜（即便很困很乏了也还是要硬撑着），但真要在枕畔读书，他剩余的那点专注力“电池”，很可能撑不过半页。

有个腾讯的高级开发工程师在“知乎”上写过一篇《碎片化信息的危害》，把信息分为“无效冗余信息”“重复强化已有认知的信息”“以前未知的有效信息”“完善已有认知的信息”“摧毁固有认知后产生新的认知的信息”，排在越后的价值越高，但碎片化阅读得到的几乎只有前三类。我们一直盯着手机屏幕在看，很容易给人一种在持续学习的“虚幻感”，越是沉迷于这样的刷屏，越是学不到真正有价值的东西，由于碎片化阅读缺少思考和持续练习，我们的大脑无法产生新的神经元连接并且变得越来越坚韧，认知上也就没有任何升级的可能。

从这样的角度来看，我当然认为我们需要减少碎片化阅读，尤其对学生来说，更不能被碎片化的浏览剥夺了真正有效阅读和学习的时间。我一直说，一个人的精神发育史就是一部阅读史；一个民族的整体素质，几乎与国民对于阅读的热爱程度成正比。阅读，塑造了我们的模样。阅读，是在钻探一个又一个思想的富矿，是在领略不同时代智慧和情怀的美感。从这个意义上说，不是我们在读书，而是书在“读”我们。今天我们缺乏的不是即时可得的信息，而是拥有分辨信息的判断力；缺乏的不是所谓的“聪明”和“知道”，而是在纷繁中依然能够保持的专注和定力，是百度百科、朋友圈和作业帮都提供不了的创造力和想象力。所以我曾发出过倡议：不要让平板电脑赶走我们的案头书，不要让手机代替我们的枕边书，不要让我们在大数据和算法构筑的“信息茧房”里自我满足。

是不是答得有点像一篇论文？没办法，你提的这个问题本来就像个论文答辩题。

不过，也有学者指出，碎片化阅读其实也没这么糟糕，不但不糟糕，“碎片化认知”甚至还是今天人们“必须掌握的一项新技能”呢！专家说，信息碎片化已然成为一种必然，碎片化信息本身并非不完整或肤浅，只是信息的“颗粒度小”，“密度”大，“碎片”可不就是颗粒度小嘛！碎片化是利于信息传播和演化的，而且今天这个时代的真相是：我们每个人的大脑，正在变成互联网这个“超级大脑”的神经元，或者说我们的大脑正在“互联网化”！

既然信息的碎片化是未来的趋势，那我们就得习惯和擅长接受碎片化信息——也许这位学者的观点有一定的道理，但我相信对任何正在努力获取新知的人们尤其是学生来说，必须提防碎片化阅读给持续专注力、耐受力带来的损害。我们需要能真正滋养我们、让我们获得内心富足感的阅读，而不要那种既消磨时间又消耗生命、既没有深度又缺乏坡度的伪阅读。

欣喜于一尺一寸的成长

两年时间一晃就过去了，面对即将到来的中考，我的心里只有苦涩——不是因为对前路茫然未知，而是对那种人生已经完全被规划好、不用到未来就已知未来的情景感到无奈。

我的成绩和周围的人相比算是比较好的，可我明白，在这个小县城里的学校的不错成绩与大城市里的优等生比起来，差距还是不小的。即便我考全校第一，中考时与其他学校的学生一同竞争，大概考不到全县前三，也就不可能去全市最好的高中接受教育（进那所高中，中考成绩必须是县里前三）。更何况，现在我还不是全校第一！所以，我的高中似乎已经被锁定，那就是县中。读县中的学生能考上浙江大学已经谢天谢地，考上复旦大学就成珍稀动物，考上清华北大就是神了。所以一般情况下，我的未来就只能是县中和浙大。

可我的心就是不服，它叫嚣着要我去另一所比清华北大还遥远的学校，而那所学校昂贵的学费是我的家庭承受不起的，所以要读那所大学就必须申请到极难得的奖学金，所需的高考成绩是省里前十。然而，县中学生高考的最好成绩连省里前三百都没到过。现实虽然如此，可我觉得，进这所大学念书是实现我人生价值与终极目标的最佳途径，有一丝希望便要争取。

朋友说，我可以先努力考全县第一，去市里那所高中读书，这样就可以离梦想更近一点。我也曾这么想过。学习中，我的薄弱项是数学，一道道难题常困住我。那时我就想：连这些题都做不出来，还梦想全县第一？有时，老师出的一道数学难题，班里的一个男生只花几分钟就做出来了，而我思考半个多小时仍毫无进展，顿时觉得自己好没用。面对数学难题，我总是思考不出答案，然后只能放弃，数学成绩始终无法提高。许多人都说，即使初中时成绩很好的女生上高中后往往也不那么优秀了。听到这些，我心里就更害怕了。除此之外，我经常管不住自己，不能做到坚持不懈努力学习。一方面我期待挑战，可真面对挑战时我又想退缩，心中泛滥的不自信一直困扰着我。我很了解自己的缺陷，却一直不知道该怎样弥补。我觉得自己的心理不太健康，希望您能给我开一张“药方”，给我一些建议。身边的人都对我没办法。

有人说我给自己定的目标太高，其实我也不愿意这样逼迫自己，可是我认为没有过近乎疯狂的奋斗的人生是有缺憾的，我想走出一条属于自己的路。如果您能花费宝贵的时间来引领我走出困境，我将不胜感激；若不得空，我便权当是宣泄了。十分感谢您读完我啰唆的叙述，期待您的回信。

从来信中可知，你有着非常强烈的学习冲动，这是值得赞赏的；你对于“第一”有着毫不掩饰的渴望，这也未尝不是一种积极的态度。但是恕我直言，读完来信后我的整体感觉却是五味杂陈的。你是这么“早熟”，早早地开始设计自己所谓的成功路径，可是在我看来这一路竟是“步步惊心”的。你看上去非常热爱竞争，可是在竞争的游戏或“疯狂的奋斗”中你显得有些偏执和自虐，以至于容易把自己逼到人生的死角。你让自己的目光超越当下，投向更为遥远的未来；你想要超越现实中的自我，去实现炫目辉煌的梦想。但是，你的追逐却缺少求知问学最基本的内驱力，而只有一个颇为缥缈的外在目标的牵引力，那个“第一”的目标似乎已经成为你的一个心结，一个枷锁。人应该有雄心或梦想，但是一个值得珍藏的梦想应该能让自己更轻盈更生动地前行，而不是被它压得喘不过气来。

为什么会这样？为什么梦想没有照亮现实反而让你倍感茫然和无奈？因为你设计（不如说是想象）中的成功路径是狭隘而且排他的，因为你把“第一”当成了允诺你成功人生的“唯一”，因为你用一种外在标准参照下的苛刻要求把自己给绑架了，因为你主动而且自觉地封锁了自己人生中原本敞开的各种可能性，因为你把自己生命成长的康庄大道变成了越走越窄的羊肠小道。

我知道，在现在的教育生态里，当一个学生进入中学以后，所谓“快乐学习”大概只是一个美丽的幌子。我也知道，在今天流行的话语场中，太多的人信奉所谓“精英的阶梯”，从重点学校到世界名校，每一步都要规划得天衣无缝。竞争从娘胎里就开始了，连参加什么兴趣活动都被编排到一个庸俗不堪的“鄙视链”里了，于是人人倍感压力，人人焦虑重重。

这些焦虑是社会生产的，是成人们酿造的，但同时，焦虑和压力一定是会传导给学生的，并在他们心里不断发酵。被“体制化”的学生也会给自己的心灵建起一个牢笼，就像电影《肖申克救赎》中那位老囚犯说的那些高墙。分数呀，名次呀，所有这一切，最初你痛恨它们，后来习惯它们，直至依赖它们。你是否已经在心里砌了那么一道“高墙”？否则，为什么要用那么坚硬的标准来压迫自己，来榨干自己？

如果没有那些“第一”或“北大清华”，你的人生就将陷于绝望吗？谁说的？谁教的？……是不是这个世界上绝大多数人都是可悲的失败者，仅仅因为他们不是“第一”，没上“北大清华”或者全球知名高校？笑话！恰恰是那些只知道将人生中的一切都寄托在外在指标上面，只知道在无穷无尽的攀比中凭借相对优势获得心理满足的人，才无法品尝真正的成功体验，因为他一直在接受坦塔洛斯式的惩罚：他被囚于水中，当他想低头喝水，水就下降，当他想伸手摘头上的水果，果树就抬高……

一个人有竞胜心是好的，我也一直在说，要努力通过“压力测试”，要在青春的赛道上收获“小欢喜”。但如果“愿不配位”，野心欲望与自己的真实能力很不匹配，那就是认知能力失调，会很痛苦。梦想应该走在现实的前面，但不能离得太远。有人说努一下力就能够到的梦想不算梦想，别信这些，世界上多的是志大才疏、眼高手低的人。有时候，“大梦想”不如“小目标”更管用。再说了，以梦为马，你也得轻装上阵，否则只怕马儿拉不动你。

我的建议其实很简单，那就是：放下你关于发展路径的“空想”，卸下你的所谓梦想带给你的所有重负，先专注于你的学习本身。与其耽于幻想，不如脚踏实地。想得多做得少，只会让你枉自焦虑。你的“属于自己的路”不是预先规划出来的，是在你持续学习生活的过程中一步步走出来的。你应该瞩目于一点一滴的进步，快慰于一课一科的领悟，把握住一分一秒的体验，欣喜于一尺一寸的成长。

保持适度的自我关注

老师您好，首先我得先谢谢您愿意帮我排忧解难。

我现在马上要读高一，所读的高中是普通高中。我的成绩有些不稳定。以下是我的中考成绩：语文102分，满分120分；数学95分，满分120分；英语116分，满分120分；科学104分，满分150分；社会61分，满分80分。

语文方面，写作文，我真的觉得很烦。我的理科太差，所以把大部分时间都用来学理科了。要写好作文，也许每天摘抄一些佳词妙句是个好主意？我觉得郭敬明的一些话，还是比较有哲理，您觉得呢？

数学是我的软肋，但我觉得我也是可以学好数学的。我特别奇怪，为什么有些时候数学老师让我们订正错题，几位尖子学生一下就订正好了。而我，要两三天的时间！我呢，做作业也很慢，往往数学老师提醒的时候，我还剩几道题目没做好。还有，初三好多次数学作业我都没交过，因为太迟了，也因为不敢交，怕老师骂我。

英语、科学上存在的问题也不少。平时英语难得高分，令我很苦恼，但这次考得还可以，因为题目不太难。对于科学我实在有些无奈，要是中考能多考20分就好了。多考20分是应该的，我的朋友科学考了140分左右，她成绩也不算特别突出。

中考结束了，我没能考上重点高中，亲朋好友既为我惋惜又感到困惑。我小学至初一的成绩都很优异，是实打实的尖子生哦。我自己也很难过，尤其是看到一直关注我成绩的小舅舅失望的眼神时，更加难过。

下面来说说我的毛病。

1．我是一个很自恋、很自作多情的人。可能我是青春偶像剧看多了吧，在现实生活中和男生相处我就会想起什么“一见钟情”之类。我每次遇到男生，甭管认不认识，都要想入非非，是不是很愚蠢，很令人讨厌呢？我在做作业的时候，如果我同桌是男同学那我就完蛋了。我怕高一会与男生同桌，哪怕不同桌，隔着一段距离也不行啊，那我肯定是没办法认真学习了。我会发癫地想他怎么看我，哪怕他只是“啧”了一声，我都会担心自己什么地方不对了，脑子一片空白。跟男生坐，我有一种晕乎乎的感觉。反正我觉得写作业时有很多东西都可以分散我的注意力。年轻的数学老师是一个让很多女生看了心里都会“咯噔”一下的人，我经常犯花痴，作业完不成，非常非常尴尬，想，他肯定觉得我变坏了。该死的自恋，你害死我了。也许是长大了，想得更多了，也不适合读书了，我多希望思想能像以前那样纯洁呀。

2．我一直觉得总做作业真是太无聊了。从初二开始，我上课时就一直希望快下课快下课。其实每一门课都是不能急躁的，如果能改掉这个毛病，我感觉也能提高不少。科学补都补死我了，很多小学成绩比我差的人都超过我了，状态也都很好，和他们比起来，我就是小丑。我会突然觉得读书好无聊啊，想成绩再好又有什么用呢？我每次周末结束回校都是很生气的，因为作业没写，总在想，要是周末那两天没玩就好了。我很渴望生活可以开心一点，每天有新鲜的事情发生，当然，我知道这是不可能的。但有时候坐久了，真是觉得超难受啊。

3．我是一个不擅长交谈的人，在别人面前我对自己的感觉不是很好。我会比较自己和别人的穿着，在我眼里好像每个人都有品位，都有气质（特指女生）。平时我不喜欢穿颜色鲜艳的衣服，如果我穿着粉红的衣服，总觉得别人在盯着我看。我更喜欢黑色、深蓝色。不过，穿着蓝色的衣服，站在女生堆里让我感觉有点怪怪的。我也不好意思到老师那里去背书，除非到万不得已的时候，才会当着全班的面走到讲台上去。我总觉得自己会出丑。我还很不会交朋友，我常常在几个同学面前提出问题，可总是没人理我，这让我觉得很尴尬。我总觉得自己做事没有分寸，总把事情做糟。为什么跟别人交个朋友就那么难呢？特别是跟男生。

时间有些匆忙，写得有点乱，请老师能帮帮我，谢谢您了。希望您能早日回信。

同学你好，谢谢你对我的信任，把自己的情况和心迹告知我。但是我怕你会失望，因为我的回信可能无法提供一个直接的答案。世上的问题如果都有明明白白的答案就好了，可惜没有。就算有，那“答案”也可能并没有切中事情的本真。比如，你来信中列出了你的中考成绩，那毫不含糊的分数是不是就说明了一切？是不是分数低的学科就没学好，得分高的学科就学好了？未必。所以我不试图给出分数一样的答案，而只想跟你通过文字聊聊天，在聊天中来理解你的问题，如果你能从中得到一点启发，那我就很满足了。

看完你的信后，我的一个整体印象是你很关注自己（包括成绩、人际交往和个性特质），也学着去分析问题和自我反思，这很好。但我觉得你的自我关注有一些过度。这种过度的自我关注其实是不自信的表现，会给你带来负面影响，比如，你会忽略去寻找和发现学习本身的乐趣，会失去学习专注力，你会太在意别人的态度和评价，等等。

我们来谈谈具体学科方面的问题。

先说语文。

我觉得你能得这个分数挺好的，当然也理解你想有更大进步的意愿。怎样学好语文？尤其是写好你自认为是短板的作文？我一直有个观点，写作与一个人的生命状态大有关系，作文其实是“生命的眺望”。怎么讲？一个从没有仰望过浩瀚星空的人，不会有心事接广宇的博大情怀；一个从未观察过小小昆虫行为的人，哪里能体察万千生命丰富的灵性？越是能够如王羲之《兰亭集序》中说的那样“仰观宇宙之大，俯察品类之盛”，你的视野就越开阔，感受就越灵敏，情感就越饱满，作文自然不在话下，每有话题下笔则思如泉涌，像苏东坡那样“不择地而出”。摘抄佳句固然有一点实际的用处，但作文不是钻在文字眼里不出来，不是靠寻章摘句来敷衍成篇，而是生活中自有大段内容，胸中自有一股情思，那么，只要顺理即可成章。至于你信中提到的郭敬明的话“有哲理”，我虽不认同但是尊重你此时此刻的判断，事实上等你再长大几岁，大概就不会被这样的“哲理”吸引了。

再说数学。

因为我数学上没有什么天分，但一直以来学得不错，总拿高分，高考还轻松满分，所以反倒有资格来谈谈——考不好的和天才型的都没法谈。

数学学习进入高深领域，的确令人望而生畏，但就中学乃至高数初步的学习考试来说，想要成绩好，无非两个字：做题。题做多了，对于各种题目的难度梯度会有非常清晰的直觉。不要只啃难题，太费时间；但也不能总做容易题，浪费时间。做了大量难度适当的习题后，难度是会随之减轻，做到后来，很多题目哪怕“穿上马夹”你也依然认得。说实话，为了考试的数学学习不过就是熟悉各种套路、打通各个触点而已，很多人学不好数学只是被吓住了。

从你的描述可知，数学对你而言成为一个问题，主要原因在于没有养成良好的学习习惯，或者说，不够专注。你在信的后段写到多次没交数学作业的事，我希望你别不把它当回事，太多的时候，我们对一门学科失去兴趣甚至感到害怕，都是从不交第一次作业开始的。听过“破窗效应”

吧？知道“管涌现象”吧？讲的都是类似的道理，别轻易给自己留下放弃的缝隙。想学好一门学科，就从坚持听每一堂课、坚持做每一次作业开始。你也不要给自己不交作业找借口，什么太迟啦、老师脾气不好啦，脑子里总是盘旋着这些事情，说明你最关切的事情不是自己的学业本身，而是他人的态度和评价之类。

聊到这里，话题不能再停留在具体学科的学习问题上了。你在这么长的一封信里，提了一大堆问题，看上去还有些凌乱。我反复读了你的信件，试图找到诸般纠结的头绪。我觉得问题可能还是出在你的过度自我关注上面。

因为过度自我关注，你容易放大日常学习生活中的得失。

你放大了分数施予你的影响，尤其是夸张所谓中考“失利”的负面意义，因此凭空给自己增添了不小的心理负担。依我看来，你的心理负担比学业负担还要重，有必要减一减负。过度自我关注，有点像什么呢？像用秒表去计量几十年的光阴，用毫米尺子去丈量与梦想的距离，明显是尺度失当，过于计较几秒钟的起伏，过于在乎毫厘之间的得失，心情随时会受到不必要的干扰而产生波动，人就容易变得浮躁，患得患失。你的来信确实给我这样的感觉，太在意一时一地、一城一池的得失了，好像一点分数的差距就是多么了不起的事，却根本没在意你对某门学科本身的学习是否到位，是否感兴趣。而且，你也有点急于下判断，并且常常因为一点风吹草动就自我贬低，从而没法找到自信，确立起饱满的价值感。我们常说一个人要视野开阔，目光长远，总是纠结于某次考试的分数高低、进退，会让自己变得狭隘、敏感。因此，我一直主张人应该有一点“钝感力”，钝感不是迟钝，不是麻木，而是要让自己的心情在学习、生活、工作中不轻易被扰动，保持定力，从而可以真正取得进步。

因为过度自我关注，你在人际关系中表现得很紧张。

你明显尖锐化了性别意识，从而在你本该正常的异性交往或相处中，无法保持合适的距离，无法建立起自然而然的轻松常态，反倒屡屡使自己陷于尴尬、紧张、害羞的境地。豆蔻年华的你，自觉到与男生的性别差异，想象彼此的想象，感觉互相的感觉，内心萌动着某种别样的情愫，这是很可以理解的。但情形如果到了如你描述的程度，与每一位男生仅有很小的交集时都会产生狂野想象，那就有必要加以修正。你夸大了男生看待你的眼光，以为他们都在如何如何看你想你，于是，产生害羞、尴尬的感觉就在所难免，从哲学上说，那是一种心理上“被抓住”的感觉，不但常会心猿意马，而且动辄心慌意乱。你应该建立一种认知，那就是男孩与女孩虽有性别差异，但在更多的时候、更多的场合，这种差异并不会得到凸显，没必要太敏感。要知道，火车卧铺是不分男女的，一些青年旅馆里也是男女混居的（如日本的一些青年旅馆），大家都自然坦荡，相安无事。中学男女同学之间更该如此。

因为过度自我关注，你恰恰不够自恋而变得自卑了。

人都是有点自恋的，少女的自恋更是正当的。我一直认为健康的自恋有助于一个人的成长，有助于确立一个人的自尊心、自信力、价值感。这样的自恋就是爱自己，就是相信自己是可爱的，是美好的。你总在那儿说你自恋，那一定是对自恋有什么误解。从你的自我描述中，我发现你几乎是从头到脚、从里到外都不喜欢自己。你哪里自恋？你只是因为过度自我关注，反而自卑了。你知道，人除了有一个“主体的我”之外，心里还藏着一个“客观化的我”，通俗地说，就是有一个跳出来观察和审视自己的视角，就像另一人看镜子中的“我”。太突出这个“客观化的我”，就必定会太在乎自我在他人心中的形象。这时候人有一种莫名的错觉，仿佛自己是人群的中心，以为全世界的人都盯着自己的一举一动，以为自己稍有不慎就会惹来大笑话，所以你不喜欢穿颜色鲜艳的衣服，不想当着全班的面上讲台，等等。

因为过度自我关注，你会把注意力重心放在他人评价上而失去应该有的学习专注力。

有的幼年孩子，无论做什么事情，都期待从父母和他人那里获得肯定和鼓励，这当然是极其正常的。但如果有孩子学骑车、走路时不好好看路，却老去探看路人的表情，渴望得到表扬夸赞，那就容易摔跤。其实孩子最深层的成就感和快乐感源自掌握某种能力以后对自己本质力量的确证（这是“本”或“里”），而非别人的夸赞（这是“末”或“表”）。舍本逐末的后果主要在于：太渴求别人的认可，失去了专注的能力，无法开掘学习本身的乐趣。其实享受收获新知、掌握技能的快乐是学习自身的题中应有之义，学习中因为表现好（如分数高之类）得到夸赞固然好，但即便没有夸奖，学习探究的过程中也自有乐趣在。你觉得做作业好无聊，害怕老师的负面评价到了不敢面对的地步……这是过度自我关注所致。

怎样才能让自我关注不过度呢？

我想你只能从调整自己的观念做起，也就是别把一时得失看得太重，别对性别差异太过敏感，别对他人评价太过介意，对学业保持较高度的专注力。这听来好像是废话，但认识上的事情确实只能自己慢慢转弯，慢慢调头。这番话说得更直白一点就是：别太着急，别太紧张。很多事情都是因为太着急才成为问题的。手攥沙子，攥得越紧，流失的沙子就越多。学过开车的人都知道，初次驾驶，那手啊，就是紧紧地死死地捏住方向盘，任教练在旁边喊“手松一点，手松一点”也无济于事，为什么？因为太紧张，满心只想着自己。智者总说要“放下自我”，那是很高的境界，我们难以企及，但在一定程度是可以做到的，比如，等到你的心绪放轻松了，你就会发现，自己学会清晰地思考了，做事情开始有条理了，自信心慢慢地升温了，紧蹙的眉头不自觉地松弛了，嘴角的弧线经常上扬了，在群体中的交往和相处也越来越自如了……总之，一切问题都将自行消散。

同学，当不再只紧盯自己的时候，世界开始呈现，天高海阔，云淡风轻。

跟你一起把栏杆拍遍

我仿佛看到你们正坐在我面前，带着意料之中的烦恼故事，带着似曾相识的少年心事。有人眉头紧锁，长吁短叹；有人发完牢骚，暗自发力。你们的忧愁迷茫都是相似的，只不过青春的躯体穿着不一样的衣裳。

你们仿佛在自言自语。你们并不渴望得到答案，我也确实给不了答案，而其实你们又早已知道了答案。就像你倚着栏杆跟某一位好友聊天，感叹“好累呀”，好友也跟着说上一句“真累，再坚持一年两年吧”，不必把栏杆拍遍，有人会得登临意，就足够了。你对这个世界的现实已有所了解，困难直逼过来，躲是躲不掉的，你更知道自己，不会甘心懦弱和失败。

你们并不期望听人解释“为什么累”“怎样可以不累”“累的意义在哪儿”等一堆貌似深刻的废话。大家都在一个“大局”之中，都是局内人，对于压力、迷茫心知肚明，无处逃避、无须点化，只有扛起压力、顶着迷茫往前走。如果谁像个局外人一般，摆出无比亲切的样子说着类似“不想考试那就别考了呀”“太多压力是自己加给自己的呀”“学习成绩不要太在意呀”这样的风凉话，那还真的有点尴尬，不免让我想起鲁迅先生笔下的那个“衍太太”。小孩冬天贪凉吃冰块，衍太太明知其不可却在怂恿“看谁吃得多”，小孩拉肚子时可不干她的事；她看小孩比赛打旋子，还在旁边计数，等哪个跌倒了则说“我叫你不要旋不要旋，不听我的话……”鲁迅说这位衍太太是对自己的孩子“狠”，却对别人家的孩子“好”——细想想，这样的“好”其实才令人心寒，不是吗？

所以此刻我打算做跟你一起拍栏杆的那个人：

“青春的苦恼太多，高三的日子苦涩又紧张，愿今后的日子，不再混吃，而是踌躇满志。”

当你完成了自己的高考这个阶段性的人生目标，高三的苦涩和紧张就会成为透出点甜意的回忆。无论你是否考上了理想的大学，是否踌躇满志，都请记得，你只是找到了一个新的起点。生活中的挑战是一个接着一个的，喘口气，继续出发，杨万里的一句诗再准确不过地描述了这个人生命题：“一山放过一山拦。”但是没关系，只要做到不混吃，那么，我们的前景亦正如杨万里另一首诗里的句子所呈现的那样：“堂堂溪水出前村。”

“现在最大的烦恼就是，马上就要中考了。面对模考的分数，我累了，中考就是一场没有硝烟的战争，而我在残酷中没有傲然挺立。下周体考，我想考满分，只有体育满分，我才会有更足的底气去面对中考。”

面对不理想的分数，我们都很难做到“傲然挺立”，还好你并没有生出自弃之心，而是努力去寻找新的支撑。在别人眼里也许微不足道的一点成功，都可以成为你撬动自己努力信心的阿基米德点。我认识一位有名的特级教师，他小时候成绩挺糟糕，但自从有一次在全区运动会上获得了跳远冠军后，一切都改变了，各科成绩扶摇直上。不是他获得了超能力，而是他获得了信念感：既然能在几千人中得第一，我怎么可能是学习上的白痴？信心贵比黄金，信心会从一点迁移进而弥散到一切。

“青春是美好的，值得怀念；但也是残酷的，数学、体育像两座大山死死地压着我……”

你正在青春中，不必急着怀念它。闲散的青春是没有张力的，轻松的青春是不够结实的，有点紧张、有些压力是正常的。可能对多数学生来说，数学和体育都是两座大山，对很多考得还不错的人也是如此，因为在某些瞬间它们都给人窒息感。做数学难题卡壳时，揪着头发心生一念：还不如去跑步！而跑步跑到极限时，心中的念头则是：还不如去做数学题！这都是人在面对超强压力时的本能反应，可以理解，但只要坚持下来了，就是胜利。

> “高一就已经8门功课，压力大，有作业，同时又不想写作业，要考试，想放假啊！”

古罗马诗人说：风如果没有森林的阻挡，就会失去它的威力。我想说的是：没完成作业就流失的日子是空虚的，没完成考试就到来的假期是不爽的。

> “想到青春就立马联想到爱情，我也不知道为什么，也许……小说看多了？不过，生活不是小说——什么感天动地的爱情故事从来也不会发生在我们身上，更多的是试卷、习题和那背不完的知识点。
>
> “马上就要中考了，体育中考也在下个星期。但现实却是，老师留的作业花掉了我大部分时间，剩下的时间用来整理知识点，每天到十二点就困了，一挨枕头就睡着了……累呀。”

作为也经历过青春的一个人，我认为那时的中学真正发生爱情的概率极低，今天的情形应该也差不多，因为你们全部的精力都用在了对付另一件事情上。这“另一件事”就是你提到的，做不完的习题和试卷、背不完的知识点。尽管青春年少，爱意萌动谁也无法阻挡，但是没办法，爱情这件事，只能让一下步，“延迟满足”了。每个季节各有属于自己的丰赡华美，每个窗口会敞开不一样的风景，这个时节你专注于学习，正如你所说“生活不是小说”，而且确实也不会错过什么爱情的阳光。你与其关心爱情，还不如多关心体育吧，毕竟体育成绩要好起来并非一朝一夕之功，而你的时间又几乎全被各种功课作业占满了。一个小建议：要尽可能地利用碎片化的时间（比如课间）去锻炼，即使不是为了考试，运动本就应该成为持续终身的一个习惯，它不但能强身健体、磨炼意志，还能调节情绪、有效减压，当你动起来，跑起来，会发现所有障碍皆如浮云。

“非常努力学习，成绩反而下降。很迷茫。我相信大多数同学都有这样的情况，希望老师解答一下。”

很努力学习，成绩却下降，如果我能三言两语解决这个问题，那我不是“半仙”，而是神仙。唯一可以说的话也并不高明，那就是“努力”的方式要正确。“努力”并不是点灯熬油式的，那样非但提高不了成绩，而且不可持续；“努力”也不是闷头死读，如果不抓重点不讲方法不问效率，就是把再多的时间砸在里面也于事无补。学习再紧张，也要保证睡眠、适度运动。脑科学家早就揭示了，睡眠不够，“智力”就会下降，而运动能让学习更高效。昏昏沉沉地盯着书本，疲疲沓沓地做着习题，那不是努力，而是你以为自己很努力。

“童年和成绩只能选一个，我该选什么？”

童年与成绩，并不是两个可以并列的选项。一直有些毒鸡汤颇有市场，什么“你拥有了快乐童年，就失去了整个人生”“你长大后流的泪，都是年少时脑子进的水”之类，看来你是被绕进去了。事实是，以牺牲童年为代价反而得不到好成绩，尤其是用更长程的眼光、用更广谱的视角来看待“成绩”时，更是如此。竭泽而渔、拔苗助长的方式是培育不出真正的人才的。有个叫王自健的脱口秀演员说过一段话，我非常喜欢，愿与你分享："小孩看动画片不会耽误学习，而且耽误了学习也真的不是大不了的事情。学习，让他一边玩一边学，更轻松地度过他的童年就好了。总有一天他会知道任意门不是哪儿都能去，世界上也没有竹蜻蜓，不会有圣斗士和雅典娜。这个世界上的所有童真，只有那几年他会有，那几年很短。"不过，说回到你，你是不是觉得自己还处于童年？已经不是了。你是少年，少年自有少年狂，身似山河挺脊梁。你需要摆脱童年心态，有所担当，不仅仅是为了成绩，更是为了心智的真正成长。

"身为一名初三的学生，烦恼总会很多。最大的困难是眼前的中考。中考是一个重要的人生转折点。它决定我的未来会如何，也许今后的十年或者更久我都会承受中考的后果。不一样的人生，不一样的生活。还有短短的一个月，一个月后我不知道我会飘在哪里……"

对于你面临中考的烦恼，我愿意共情。但是你把中考好坏的后果看得未免太重大，以至于被它压得喘不过气来，这就有点自寻烦恼了。中考是比一般的考试重要，因为关系到能否进入所谓的好学校继续学业，但它不是什么转折点、分水岭，不是人生的"窄门"，也不是命运的"三峡"，它没有那么神奇，能直接决定一个人是通向天堂还是地狱。我见过太多上了好学校却碌碌无为之辈，也知道有太多人进了所谓差学校却能够逆风飞翔。再好的学校也拽不动缺乏自主探究欲望和能力的人，反而会把他们"踩"在脚底；再糟的学校也摁不住拥有强烈搏击精神和行动的人，反而会把他们"捧"到高处。请你相信辩证法，每一个选择和被选择都有属于它的机会，每一个孩子都能找到自己的出口。

少年，随着渐渐长大，你会越来越清晰地意识到，有太多的事，别人其实是帮不上忙的。你需要学会在艰苦的环境里一个人作战，老师引导你、父母呵护你、朋友理解你，也就仅此而已了，他们只能在旁边看着你，鼓励你，守望你的成长。支持着你前行的力量一定是源于你自身的，源于那种深植于内心的饥渴感！你也不是在与别人比，你在自己的赛道上全力奔跑，这里就是你的“主场”，你其实是唯一的也是孤独的“主角”，你只能吃力地承受困难和负担，偶尔做一个深呼吸，独自饮下悲伤，没有光环。

也许你正在奔跑的这段路有些泥泞，但请记住，越是泥泞的路上，越会留下最深的脚印。

其实，每个人都是挣扎着长大的

看到这样的句子，心里会有刺痛：“每天都活在黑暗下，想努力一搏，却力不从心。”你们的生命如朝露未晞，蒸蒸日上，应该有着最清新的情感，却居然早早地用“黑暗”来定义青春。我理解这不是一种对压力的渲染和夸大。虽然没有哪一代的青春是容易的，每一代有每一代的艰难，但在你们之前的几代人，艰难更多地落在物质匮乏和身体疲累方面，而你们所承受的心理高压或者说你们身心俱受的负担，恐怕尤在我们之上，而且你们体会到的那种无力感、空虚感对我们来说是陌生的，我们并不能完全理解你们。

我想，会给我写信的同学，应该都是遇到了什么事儿、特别是有了一点心事的。其实不一定需要我的回答或开解，当你们这么做的时候，你们身上的问题也就一点点地消解了，你们通过自我怀疑和自我审视，更清楚地认识了自己，也大致看清了前行的方向。太多的答案就隐藏在问题本身，你们表达疑惑迷茫的方式就内蕴着你们的态度和倾向：你们似乎是在感叹生活和学习的“灰色”，其实你们真正渴望的是在这灰色的底板上，涂抹上最明亮的色彩，绽放最绚丽的昭华！你们的青春体质本就是善感的、热情的，自我激励并且勇往直前的。你们之所以愿意接收所有温暖、励志、美好的文字或故事，那是因为你们原本就温暖、励志和美好。

“高中了，同龄人的竞争，家长、老师的严厉，每天都活在黑暗下，想努力一搏，却力不从心。”

不要惧怕竞争，拼搏本来就是顶着压力，在面对风浪的情况下浪遏飞舟、逆风而翔。

“我常常因为隔壁班的那个女孩下课没有经过我的窗前而烦恼，也常常因为樱花落了满地而沮丧，因为考试考砸而放声哭泣，因为总是痛失所爱而徘徊不前，不过还好，曾经领教过的，都是后来所拥有的财富。”

虽然你的话里充满了“烦恼”“沮丧”“哭泣”“徘徊”等负面情绪的语汇，但我不认为你真的有多痛苦，其实你们已经懂得了，青春期里“感时花溅泪，恨别鸟惊心”的那一种忧伤其实是富有美感的，值得你好好珍藏。

“世界上所有的挫折和困难都是我们将要经历的。所以，要把挫折和困难变成我们一生中成长的经历。还要把‘黑历史’幻想成即将要踏上的彩虹之路。”

你的这句话太精彩了，“要把‘黑历史’幻想成即将踏上的彩虹之路”。每个少年长大以后回望过去，都会发现曾经的“黑历史”是多么不堪，甚至会心疼起那时的自己。人都是挣扎着长大的。比如我的中学时代里，曾经在公开演讲时忘词，然后惶急地翻遍口袋找出一张皱巴巴的纸条子硬着头皮往下读，全场哄笑……而类似的出丑、犯傻的“车祸现场”一个接着一个。我想说，任何一个成长起来的人，回望自己的人生时都会发现，在心智缓慢成长的每一个“现场”，总是交织着太多的紧张、茫然和混乱。一些小小的挫折都曾灼烤过我们的内心。然而，有许多事情，当初是多么珍视，多么在意，充满了担忧和惶恐、焦虑和不安，可一旦逃离了“现场”，回眸时却只不过付之轻轻的一笑。

“青春是热情而张扬的，可是总有些胆怯，总怕自己做不好，往日的自信仿佛已随童年飘逝，怎么办呢？”

张狂与胆怯，跟自信与自卑一样，是一枚硬币的两面。自卑是上帝送给人类的一个礼物，正如人有痛感才能保护身体免受伤害一样。没有点自卑感的人其实倒是很少见的，就像一辆没有后视镜的跑车一样奇怪而危险，这样的人没有反观，几乎活在自我封闭的世界里，其“谜之自信”除了不会自我怀疑和反思之外，带给别人的恐怕全是困扰。童年时的自信确实是源于“无知”，无知者无畏嘛！随着你慢慢长大，如果一直那样自信下去，却未必是好事，因为在你面前展开的世界越来越大了，你需要涉过的河流也越来越深了……但这并不意味着你就此瞻前顾后、畏首畏尾了，你需要重建自信——不再是儿童期那种“不知山有虎，竟向虎山行”的懵懂的“自信”，而是“明知山有虎，偏向虎山行”这种基于较为清晰的外部认知和自我判断的富有勇气的自信。在重建自信的过程中，非常重要的有两点：一是尽可能地积累成就感，无论那“成就”是多么小多么微不足道，都要珍视它带给你的愉快体验，因为那是你取得更大进步的“原始资本”。二是尽可能多地给自己积极暗示，比如发言时提示自己“别人跟我一样紧张”，参加活动找座位时别总挑最后排的角落里坐，等等。

“青春，是一首生命激情的赞歌，更是一个永远聊不完的话题。我们愿意把青春挥洒在每个角落，我们更应该珍惜青春，敞开心扉感受多彩世界，编织人生梦想，但在生活中会遇到失败、挫折。我们是否应该越挫越勇呢？”

人是不是应该越挫越勇，你觉得这个问题需要回答吗？难道你期待我说出“遇到挫折就放弃吧”这样的话吗？你自己其实早有答案。你只需明白一点就够了，那就是相比于顺风顺水，风雨中经历的摔打，对于一个人来说是更有意义的，是存在的证明，是成长的催化剂。

“六年级的时候，因为看了太多太多的书，大部分是小说，于是有一天突发奇想，想着自己也写写看。说干就干，我翻箱倒柜找到一个很漂亮的本子，每天晚上都自觉地拿起本子，开始刷刷地写小说。三个星期后，我把那个本子写完了，当时内心是满满的自豪和兴奋，同时也开始佩服自己，居然可以坚持下来。”

“很喜欢塞林以前说过的这两句话。一句是，越积极就越积极，越消极就越消极。另一句是，拥抱当下，珍惜眼前，少一些猜度和计较，多几分宽容和理解。”

“年少的我们轻狂不羁，成长路上我们哭过笑过。直到我们回过头来才发现，那是我们记忆中最璀璨的明珠。真好，我还处在这最美好的年纪。17岁的我要努力前行啊！”

你们的话是说给自己听的，是在给自己打气鼓劲，真好。很多事情，努力了一阵以后你会发现，其实根本不需要什么“坚持”，因为那已经差不多成为一种“瘾”了，因为“越积极就越积极”呀，因为青春不仅仅是一本“太过仓促的书”，还意味着“再近的距离，也要跑着去”。

记得有一回，我陪同《小别离》和《小欢喜》原著的作者鲁引弓回他的母校宁波镇海中学，与同学们做一个交流活动。活动现场的气氛简直嗨爆了，每个人都高度参与，对于接收到的信息保持着敏感和锐度，眼神明亮，思维开放，一点就通，互相燃亮，反馈及时且饱满，会意的笑声、热烈的掌声欢呼声时时迸发出来并席卷全场。我最直接地感受到现场同学们都有一颗极其灵动的心，他们的灵性尚未被生活的尘埃覆盖、被庸俗价值观的锈水污染，那么新鲜，那么敞亮，有着一种鸢飞鱼跃般的生命活力……在那个夜晚，我真的吃惊了，这里没有中年人群体交流时的那种暮气沉沉和强行尬聊，没有“社会人”在各类集体活动中的那种虚与委蛇、装腔作势。曾国藩在给儿子的家书里写道：“少年文字，总贵气象峥嵘，东坡所谓蓬蓬勃勃如釜上气。”不只文字，少年的生命本身也当气象峥嵘，我从那些中学生们即时迸发的笑声掌声欢呼声中，看到了蓬蓬勃勃、腾腾蹿升的“釜上气”，这才是“如乳虎”“如朝阳”的少年性格，这才是“会当击水三千里”的少年气象！

你们正处于一个上升气流，任何困难都无法阻挡你们向上。你们会让所谓的“墨菲定律”失效，也不给所谓的“破窗效应”机会，因为你们原本就温暖、励志和美好。

别害怕，去长大，勇敢地穿越生命中的湍流区。